浙大城市学院城市大脑研究院读本系列出版项目
浙大城市学院教材建设资助项目

CITY BRAIN: CLASSIC CASES OF
HANGZHOU FROM 2020 TO 2021

城市大脑

杭州经典场景

2020—2021年

杭州城市大脑案例课题组 编著

ZHEJIANG UNIVERSITY PRESS
浙江大学出版社
·杭州·

图书在版编目（CIP）数据

城市大脑：杭州经典场景：2020—2021 年 / 杭州
城市大脑案例课题组编著. —杭州：浙江大学出版社，
2023.5
　　ISBN 978-7-308-23612-6

　　Ⅰ. ①城… Ⅱ. ①杭… Ⅲ. ①智慧城市－城市建设－
研究－杭州－2020－2021 Ⅳ. ①C912.81

中国国家版本馆 CIP 数据核字（2023）第 055152 号

城市大脑：杭州经典场景（2020—2021 年）
杭州城市大脑案例课题组　编著

策划编辑	吴伟伟
责任编辑	宁　檬
责任校对	陈逸行
封面设计	李腾月
出版发行	浙江大学出版社
	（杭州市天目山路 148 号　邮政编码 310007）
	（网址：http://www.zjupress.com）
排　　版	杭州好友排版工作室
印　　刷	浙江全能工艺美术印刷有限公司
开　　本	710mm×1000mm　1/16
印　　张	14.75
字　　数	227 千
版 印 次	2023 年 5 月第 1 版　2023 年 5 月第 1 次印刷
书　　号	ISBN 978-7-308-23612-6
定　　价	78.00 元

前　言

　　2020 年 3 月 31 日,习近平总书记视察杭州城市大脑运营指挥中心时指出:"运用大数据、云计算、区块链、人工智能等前沿技术推动城市管理手段、管理模式、管理理念创新,从数字化到智能化再到智慧化,让城市更聪明一些、更智慧一些,是推动城市治理体系和治理能力现代化的必由之路,前景广阔。"

　　在数字化浪潮的大背景下,数据成为城市发展的新资源,如何利用数据和算力实现城市资源的精准匹配成为城市发展的新命题。2016 年,杭州在全国率先提出城市大脑概念,首先在交通治堵领域开始了数字治理的探索。城市大脑将散布在城市各个角落的数据连接起来,通过对大量数据的分析和整合,实现对城市交通的精准分析、整体研判、协同指挥。通过城市大脑,市民可以更好地触摸城市脉搏、感受城市温度、享受城市服务。城市管理者也可以依托城市大脑,合理配置公共资源,做出科学决策,提高城市治理效能。

　　杭州城市大脑经历了从数字治堵到数字治城、数字治疫的持续发展。围绕解决城市治理、公共服务的痛点、难点问题,杭州城市大脑在警务、交通、文旅、卫健等多个领域建设了系统平台和应用场景,构建了面向未来城市发展的新基础设施。面对新冠疫情大考,杭州充分发挥城市大脑大数据分析等功能,推动用数据发现问题、解决问题,助力精准防疫和有序复工复产。可以说,城市大脑的建设是杭州深入贯彻习近平总书记的重要指示精神,落实中央关于建设"网络强国、数字中国、智慧社会"的战略部署,以及推动浙江省委数字化改革的具体行动,通过中枢、系统平台、数字驾驶舱和应用场景等要素,实现技术体系的创新、市场机制的融合和治理模式的变革。

城市大脑是杭州代表中国城市为世界做的一次探索,一次城市数字治理的前瞻性实践。作为这一次探索和实践的见证者、参与者,浙大城市学院城市大脑研究院联合杭州城市大脑建设指挥部策划编撰了《城市大脑:杭州经典场景(2020—2021年)》,收集整理了杭州市各部门,区、县(市)以及相关企事业单位具有代表性的数字化应用场景,解读背景、梳理举措、分析成效、挖掘启示、专业点评,力图为进一步的理论研究夯实基础。《城市大脑:杭州经典场景(2020—2021年)》是城市大脑研究院讲对、讲好、讲开杭州城市大脑故事的初步工作,以期为城市数字治理相关专业方向的本科生、硕士研究生,以及实务工作者提供参考资料。本书是城市大脑开创期的场景建设实录(资料收集截至2021年10月),以提供起点参照系。随着城市数字化的演进,城市大脑应用场景不断迭代,修订更新及汇编工作亦将持续跟进,不断为全国新型智慧城市建设和城市数字治理提供杭州经验。

目　录

杭州健康码

一、背 景

2020年春节过后，一方面，"三返"（返工、返学、返岗）临近，要防止新冠疫情又一轮的输入和扩散，另一方面，要尽快恢复城市生产生活秩序。为了积极稳妥地处理好两件事，2月8日，杭州市启动了"杭州健康码"的建设开发工作。经过3个昼夜的连续攻坚，杭州健康码于2月11日上线并对外发布。可以说，健康码是基于市民对自我健康的诚信申报，将城市多年积累的数字治理能力释放出来的一项治理措施。通过健康码，疫情防控更科学精密，复工复产更有序，整个城市能放心地流动起来，将疫情防控对城市及市民基本正常生产生活造成的负面影响降至最低，可以说健康码是基于数字治理的公共服务产品。

二、举 措

（一）诚信为基，做好顶层设计

抓住"人"这一关键因素，以"方便大多数、管控极少数"为考量，以个人健康状况自行填报为基础，制定"赋码、判定、通行"三大规则，推出杭州健康码，实现人员精准辨识、高效核查。赋码即根据人际、空间、时间等不同维度，建立"红黄绿"三色管理体系（国内健康码为红、黄、绿码，国际健康码为橙、黄、绿码）。判定即以"个人自述、部门建库、空间筛查"等方法，以诚信和承诺为基础，并依托大数据进行动态判断。通行即为"红码禁、黄码管、绿码行"。这些规则正是开发杭州健康码的逻辑基础。在对每个人的来源地、到访地、接触人等三个维度加权赋分后，按"红黄绿"规则分别落实管理。可以说杭州健康码首先是对公共信任的一次大检阅。

（二）多方协同，确保稳定运行

健康码是杭州首创，没有先例可循。面对千万级的用户量，稍有差错，就会影响大量群众的生活。由杭州市委办公厅、市公安局、市卫健委、市数据资源局等部门组成的杭州市健康码平台开发运行专班，多时达数百人，共同保障支撑了健康码的运行。截至2020年底，健康码已历经38轮次技术调整，16个版本的规则完善，78项功能应用的迭代，数据获取效率大幅提升了9倍。同时，专班始终高度重视数据安全和隐私保护，一方面，在开发过程中，建立了明确的保密责任制以及"工单"交办、完成、督促、反馈机制；另一方面，建立内部反向测试机制，每天凌晨对重点人员名单进行测试，确保数据库及时更新。在健康码上线初期，由于信息填报不准、数据库更新不及时等问题，赋码异议复核申请较多。为及时、有效解决这些问题，按照"线上线下协同"的思路，又成立了300余人的区、县（市）健康码工作专班，协同市级专班，认真做好线下群众的疑问解答和复核申请工作。线上，也快速搭建了健康码申诉复核平台。2020年底，"12345"市长热线每日的信访咨询投诉量从最高峰的50000余件下降到50余件，降幅达99.90％。

（三）数字赋能，城市有序重启

一是用码替证，解决规模化。健康码替代了原来的纸质通行证、小区出入证、工作证明、身份证明等，解决了证明种类多、通行效率低等问题，降低了交叉感染风险。二是科学判断，流动有序化。2020年2月18日，在杭州健康码正式推出的第8天，杭州全市申领总数达800多万个。但从市内申领数看，绿码比例已经超过99％，市外申领数中绿码比例也超过了80％，由此杭州市委、市政府宣布调整"防控疫情十项措施"，复工复产开始加快推进，城市有序地流动起来。这正是杭州市对新冠疫情发展的理性判断以及责任担当。这种责任担当不仅表现在对疫情的严防死守上，更多的表现为对民众日益增长的要求恢复生产生活的强烈愿望的回应上,与当时很多地区的"一关了之、一封了之"做法形成了鲜明的反差。三是按码管理,实现精准化。健康码本身就是数字治理的产物,围绕健康码"三色"通行规则和管理要求,针对不同人员实施精准有效管控,杭州市疫情防控工作领导小组制定和下发了《关于切实做好"红码""黄码"人员闭环管理工作的通知》,推动疫情防控从封闭式管控向精密型智控转变,落实防控主体责任,防止失管、脱管和漏管等现象发生。

(四)积极稳妥,拓展基础应用

疫情防控进入常态化以来,省市公共数据共享开放平台向多个应用场景提供支撑,主要用于公共交通、景区等公共场所,帮助管好了各道大门和小门,极大方便了群众的生产生活。一是全民覆盖保障复学。杭州健康码在全国率先推出了"卡码合一、刷卡读码"的模式,打通了"市民卡＋健康码"的系统,老人和小孩的健康码由直系家属代办申领后,可以通过刷市民卡显示。截至 2020 年底,杭州健康码已为 373 万人提供代办服务,中小学生和幼儿园儿童领码率均达到 99% 以上,有效保障了复学。二是拓展常态化应用。杭州市卫健委等部门利用多年积累的行业大数据,基于健康码赋能,打造健康码应用生态。截至 2020 年底,市民"一码就医"441 万余次,提供预约挂号服务 55 万次,以及心理援助服务 7.3 万次;健康档案查阅使用 22 万余次,为全市 102 万余名餐饮、住宿、食品加工、理发美容、幼托机构等特定行业的从业人员提供电子健康证查询服务 80 万次。三是完善管理与运行体系。2020 年 4 月 9 日《杭州健康码管理与服务指南》正式发布;4 月 16 日印发《杭州健康码常态化应用三年行动计划》;5 月 15 日印发《杭州健康码开发运行规范管理办法》。

三、成 效

自 2020 年 2 月上线至 2020 年底,杭州健康码迅速在浙江省推广并走向全国 18 个省(区、市)的 200 多个城市。上线半年以来,杭州市累计发码接近 2800 万,国际版健康码发码 2.6 万;日均亮码、扫码 1500 万次以上。健康码在强化疫情管控、促进城市有序流动和复工复产方面发挥了重要作用。2020 年 9 月,杭州市健康码平台开发运行专班获评全国抗击新冠疫情先进集体,也是杭州市唯一获此项殊荣的集体。

四、启示

健康码在新冠疫情防控中取得了显著成效,是我国数字化社会治理的一次成功实践。杭州健康码作为地方治理的一项创新举措,具有治理的创新性、信息的集成性和服务的便民性。同时,在数据治理领域,尤其是在信息采集、识别、共享和运用等数据流转中发挥了创新性作用,实现了线下疫情防控与线上政务服务的融合。

杭州健康码属于疫情防控、复工复产特殊形势下迅速推出的一项举措,由于时间紧迫、针对性强、目标性强,从酝酿到落地实施的整个过程难免会存在非制度性保障。随着新冠疫情常态化,为进一步承接好、打造好健康码这一基于杭州城市大脑的公共服务品牌,使其成为“平时好用、战时管用”的产品,后续推进主要从以下两个方面着力。

一是优化场景开发,提升用户黏度。围绕“平战结合”,在常态化疫情防控的前提下,实现健康码现有应用的拓展。协同市卫健委等部门,依托城市大脑中枢数据供给和算力、算法,优化场景设计,进一步完善健康档案等基于杭州健康码的应用场景,提高健康码就医使用率,试点学校健身场馆向市民预约开放及场馆在线管理。

二是紧盯数据安全,建立保障体系。中央网信办、国家市场监督管理总局等部门发布了在联防联控和复工复产中关于数据安全的要求及《个人健康信息码》系列国家标准,十三届全国人大常委会第三十次会议已表决通过《个人信息保护法》,2021 年 11 月 1 日起施行。上述的通知、标准和法律对于数据安全和个人信息保护,都提出了更为详细和具体的规定,这给杭州建好、管好、用好健康码提出了新的要求:需要进一步强化治理法治化建设,进一步明确信息权力和治理权力,进一步研究讨论如何在保护个人信息,并经个人充分授权的前提下开展便民惠民的健康应用。

(资料来源:杭州市数据资源管理局)

案例点评:

抗击新冠疫情,是对国家治理体系和治理能力的一次重大考验。健康码作为一款体现数字技术与数字治理相融合的数字公共产品,在流动管控、复工复产和城市运行等方面发挥了至关重要的作用。杭州城市大脑通过数据协同、业务协同和政企协同,实现了数据融通、算法优化、场景直达的全过程治理,成为我国抗疫的最大利器之一,也向全世界展示了中国的数字治理能力。2020年11月21日,习近平主席在二十国集团领导人第十五次峰会第一阶段会议上呼吁,希望更多国家参与健康码国际互认机制。

杭州在健康码的开发中坚持"以人民为中心"的治理理念,做好顶层设计、多方协同和规范运行,最大程度利用数字技术优势,助力决策科学化、治理精准化和服务高效化。健康码通过城市大脑管活了人、盘活了城,重新激活了城市发展的新动能。同时,作为杭州城市大脑的王牌应用,杭州健康码已经逐渐从"战时"状态转为"平时"状态。以问题和需求为导向不断迭代更新,在"平战结合"的原则下,积极拓展常态化应用,目前基于健康码开发的各类健康应用是为了促使健康码从疫情防控时期的社会管控工具逐渐转变成后疫情时代提供数字公共服务的工具。

当然,在后疫情时代,健康码如何平衡公民的个人信息安全与政府的疫情防控需要将是其迭代升级的重要方向。同时,对于数字技术对现有伦理、法治的冲击,以及老人、儿童、残障人士等弱势群体的数字包容等问题还需要展开深入的研究。

刘靖
浙大城市学院城市大脑研究院、浙大城市学院法学院

统一地址库建设与应用

一、背 景

自 2019 年杭州市全面实施"三化融合"五年行动计划以来,政府数字化转型步伐不断加快,城市大脑综合版建设快速推进。在取得优异成果的同时,杭州市在社会治理数字化基础建设、应用体系建设、数据互联融合等方面还存在一定短板。为贯彻落实杭州市委、市政府针对城市大脑建设制定的方针政策,市委政法委多次对城市大脑在基层社会治理中的应用进行研究部署,组织专门力量,深入调研各地、各部门在城市大脑基层社会治理应用的实际情况,并研究制定了《关于加快推进城市大脑在基层社会治理中应用的意见》,得到了省市主要领导的批示肯定。

在推进城市大脑基层社会治理应用的工作过程中发现,杭州的城市治理数字化缺少一个统一的地址规范,从而导致出现以下难题:一是各行业地址标准互不兼容难题。杭州市公安、民政、房管、测绘等部门都在推动各自的行业标准地址库的建设与应用,但各行业标准无法兼容,多部门数据归集后遇到多址归一难题。二是社会治理数据融合聚类难题。由于各行业地址标准不统一,从各部门生产库归集到数据局共享库的社会治理相关数据无法关联融合和综合聚类,最终阻碍社会治理领域等的数据智能库快速构建,影响数据赋能。三是地址管理和实时更新难题。由于各部门基层力量未能形成合力,地址共建、共治、共享机制尚未形成,无法对地址数据进行及时采集更新,导致现有地址数据质量不高、覆盖不全、应用乏力,以地址驱动海量地理信息赋能各领域治理的能级低下。

2019 年 4 月，杭州市委政法委牵头，与市公安局、市民政局等单位召开了多次会议专题研究，会上各单位形成共识，提出"统一地址库"建设的思路，即在充分尊重现有各部门行业地址标准的同时，明确全市统一地址规范，通过"一码多址"实现人、房、企、事、物、通信等社会治理要素的有效关联，并以网格为纽带形成"网络＋网格"动态地址采集、更新、救济、入格、上图闭环，为摸清底数、精准施策、有效推进全域精细治理打下坚实基础。

二、举措与成效

(一)科学谋划，统一地址库建设稳步推进

2019 年 5 月，杭州市委召开全市统一地址库建设与应用试点推进会，会后市委政法委、市公安局、市民政局、市规划和自然资源局、市住保房管局、市市场监管局、市数据资源局七部门共同印发了《杭州市统一地址库建设与应用试点工作方案》，按照"试点先行、全市推广、总结集成、深化应用"的推进思路，同步在余杭区开展试点。8 月，全市推广统一地址库建设；12月，全市统一地址库基本建成。2020 年 4 月，浙江省委政法委、省大数据局、省自然资源厅等八部门要求将杭州的统一地址库建设在全省进行推广，统一地址库实现了从试点镇街到杭州市再到浙江省的稳步发展。

(二)三级联动，地址救济闭环机制有效建立

建立"市级统筹谋划、区县组织落实、镇街执行到位"的三级联动工作体系，相继印发推广应用方案、筹备事项清单等指导性文件，明确工作目标，突出工作重点，细化工作任务。市、区县、镇街三级对标对表，分工协作，倒排时间，挂图作战，杭州市 1000 余名综合信息指挥中心（室）人员、10000 余名网格员同频发力，形成地址采集、数据关联、地址救济闭环，确保已建成地址的准确性和关联数据的时效性(见图 1、图 2)。

图 1　统一地址库推广建设培训会

图 2　网格员实地进行地址核查与采集

(三)筑牢支点,统一地址地方标准正式发布

科学的标准体系,对杭州市统一地址库建设与应用具有十分重要的指导意义。在统一地址库建设启动时,分别成立了统一地址库建设与应用以及标准规范建设工作小组。杭州市委政法委、市市场监管局、市地理信息中心等单位通力合作,通过广泛调研和征求意见,借鉴各地成熟经验,结合试点工作,编制了《杭州市社会治理要素统一地址规范》,对全市建筑进行

统一编码,形成21位的楼幢地址码和27位的户室地址码。2019年10月,该规范作为杭州市地方标准正式发布,为杭州市全面推广统一地址库建设与应用、打造"一址六柱"的市域社会治理"智能塔基"奠定了坚实基础。

(四)厘清职责,社会治理单元边界精确绘制

为厘清行政边界、管理边界、执法边界,破解因边界不清、条块交叉、粗放管理引发的网格管理争议区域责任归属问题,制定印发了《杭州市网格划分调整工作实施方案》,明确了镇街、村社、网格等社会治理单元调整的频率、时间节点、流程和机制,确保网格地图的现势性、准确性和有效性。2021年,为推进属地管理责任、行业监管责任和主体责任的落实,组织开展了小区、学校、专业市场、综合体、园区等院落地图的绘制工作。截至2020年底,杭州市各地共确认划分镇街级社会治理单元199个、村社3159个、基础网格10093个。

(五)摸清家底,社会治理基础要素精准盘清

基于杭州市基础地理空间数据库,按照社会治理需求,对全市建筑物测绘数据进行核实、整理、完善;归集民政、公安、规资、房管等部门的地址数据和城管等部门的公共设施数据,进行清洗、编码、入格、上图,为推进人房、企等基础数据和相关事件入格上图提供统一规范的承载基底和精确定位基础。截至2020年底,杭州市共核查采集楼栋地址1323843条、户室地址7510113条,绘制小区、学校、专业市场、综合体、园区等院落36131个,整理形成桥梁、道路交叉口、公交站点等室外地址591545条。

(六)以用促建,统一地址共建应用不断深入

坚持"以用促建,建用并举",构建业务应用和数据更新的双向闭环。杭州市公安局、市规划和自然资源局、市市场监管局开展人、房、企基础数据的统一地址关联融合,持续夯实智治基础;市委政法委、市住保房管局、萧山区委政法委开展社会治理重点事件五色预警、租赁房精准管理和社会治理全量信息视图建设,提高社会治理能力;市教育局、国网杭州供电公

司、上城区湖滨街道开展动态入学预警、电力快速抢修、独居老人关爱应用，提升民生服务水平。杭州市委政法委会同相关部门在城市大脑总体框架下，探索开展了社会治理领域的统一地址场景应用，形成了不少可复制、可借鉴的经验做法，为浙江省绘制"社会治理一张图"和统一地址应用推广提供了杭州经验。

三、启示

基于统一地址库建设与应用实践，可以认识到：第一，数据之于社会治理就如货币之于经济。如何收集、管理和分析数据日渐成为网络信息技术研究的重中之重。以机器学习、数据挖掘为基础的高级数据分析技术，将促进从数据到知识的转化、从知识到行动的跨越。近两年的市域社会治理实践发现，基于大数据的社会治理现状不容乐观。一方面，归集数据的质量和数量都不是很理想，没有"源头活水"；另一方面，条线数据分析研判和规整不够，形不成"块数据"，难以在基层真正流动起来。为此，亟须"统一地址库"这么一个工具，将多个部门的地址数据整合起来，并以此为依托将各部门的条线数据串联起来，让数据流动更畅通，让社会治理更高效。

第二，数据赋能经验和算法是关键。简单讲，数据赋能就是基于业务逻辑的算法＋云计算＋机器学习，实现从经验决策到智能决策的飞跃，推动社会治理变革。在基层社会治理实践中还存在以下问题：一是特色亮点突出，但缺乏统一规范和标准。二是各地发展不平衡，"盆景多风景少"的问题比较普遍。为此，需加快推进"社会治理一张图"建设，各部门、各条线应以统一地址库为"底板"，全面推动地址应用，加强数据治理和数据落图，提供统一的数据评估、治理评估、决策分析等算法模型，进而推动市域社会治理从人工经验型向人工智能型转变。

第三，数据应用是社会治理的不竭动力。实践证明，统一地址库建设与应用，能有效实现社会治理要素聚合见效，赋能基层社会治理，破解社会治理难题，有力提升杭州市社会治理的信息化、智能化水平。鉴于统一地址库建设的重要性和应用成效的可预期性，在推进统一地址部门应用的同时,还要推动行业应用,从而实现治理主体由"一手包办"向"全民参与"转化,治理维度由"单向管理"向政府、社会和群众"协同治理"转变。

统一地址库是盘活治理资源的有效工具,是城市大脑的重要基础设施之一,它的建设是一项具有长远意义的基础性工作,为破解数据共享、数据协同、数据安全等城市大脑数据赋能难题提供了很好的解决方案,通过进一步努力能够实现"一址统揽"和"一址统管"目标。建议将统一地址库作为城市大脑的底板、社会治理的根目录,大力推进其建设与应用,使各类治理数据和统一地址有效衔接,不断拓宽数字赋能社会治理的路径、场景和领域。

（资料来源：杭州市委政法委）

案例点评：

在数据驱动的基层社会治理场景中,数据要素的治理是前提。作为杭州城市大脑社会治理的重要基础设施之一,统一地址库建设推动了社会治理数据的采集、更新、救济、入格、上图,使各部门数据不再孤立和分离,为破解数据协同难题提供了新的思路。

针对治理要素聚类难、数据标准不统一、数据识别交换效率低以及治理单元边界不清等基层社会治理的痛点,杭州制定了《杭州市社会治理要素统一地址标准规范》,整合了公安、民政、规资、市监等的现有地址资源,建立了贯穿市、区、街道、社区、网格、建筑物、房屋（户室）等多层结构的空间地理和统一地址应用与服务平台,为各部门数字化平台提供了标准接口服务,实现了条数据向块数据的汇聚、裂变和融合,赋能城市大脑的各类应用场景。

作为城市数字治理的底板,统一地址库的数据质量关系到其赋能其他场景的有效性、准确性和稳定性。因此,对统一地址数据的正确性和完整性需要定期核查。同时,统一地址平台如何与基层治理四平台有效衔接、如何赋能基层综合执法等问题还有待探索。

刘靖

浙大城市学院城市大脑研究院、浙大城市学院法学院

"亲清在线"新型政商关系平台

一、背 景

2020年新春伊始,新冠疫情席卷而来,全国各地疫情防控工作形势严峻。为统筹推进疫情防控和经济社会发展"双线作战",固化提升企业复工数字平台和杭州健康码的工作成果,杭州按照"清上加亲、在线互动"的理念,开创性地建立了亲清新型政商关系数字平台(以下简称"亲清在线")。"亲清在线"是在杭州城市大脑的全面支撑下,通过对政府部门"轻量级"资源整合、数据协同,形成的政商"直通车式"在线服务平台。平台以"大道至简"的服务理念为指引,以更精准、更直达、更主动的服务方式,实现政府与企业的在线互动、平等互信。在杭州市各级部门的协同攻关下,"亲清在线"于2020年3月2日正式上线,7月3日完成全功能发布。平台基本建成政策兑付、在线许可、诉求直达、互动交流、绩效评价五大服务模块。这既是杭州打造国际一流营商环境的重要抓手,更是杭州在这个智能互联时代,以数字技术赋能探索亲清新型政商关系建设的具体实践。

二、举 措

(一)以流程再造开创直达服务

"亲清在线"是数字赋能服务型政府建设的具体实践,核心是流程再造。通过对政策和服务的流程再造,"亲清在线"实现了政企间的平等互动和服务直达。以"企业员工租房补贴"的疫情政策为例,经过流程再造,过去"层层上报、层层下拨"的兑付流程转变为"零材料、零审批、秒兑现"的直达模式(见图 1),从可能需要 1 至 2 个月的兑现耗时缩减为几秒钟。其中不仅是速度上的变化,实际上是政府与企业的关系发生了变化,变政府审批为企业"审批",这是政府行政理念的变化,更是政府治理能力的一种体现。实现流程再造的具体做法就是数据协同＋信用承诺。该政策的六项条件中,有四项通过数据协同可直接进行线上实时核验,数据"审批"代替人工审批。而缺少数据支撑的两项条件,则通过企业信用承诺来代替证明材料,也就是企业"审批"代替政府审批,事后平台通过信用闭环的管理方式实现对企业承诺的可追溯性。

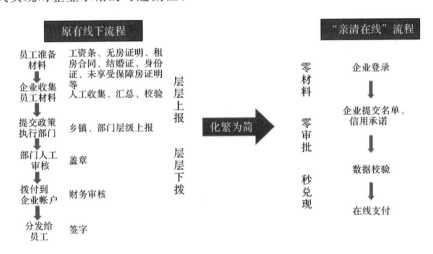

图 1　企业员工租房补贴兑付流程比较

(二)以数字赋能升级政商智治

数智技术是"亲清在线"实现在线精准服务和政策即时兑现的根本依托。"亲清在线"以打通数据壁垒为突破口,通过不断提升数据协同和数据治理能力,逐步探索出一条路径清晰的数字赋能政商关系治理的新路径。一是以数据协同驱动治理高效协同。依托城市大脑,与税务、人社、房管、规资等 53 个职能部门及 14 个区、县(市),建立了 453 个数据接口,集成了 300 余个服务模块。通过数据协同驱动以"服务场景"为中心的资源协同、业务协同、服务协同、监管协同,使 116 万笔资金、325 万次服务,精准、主动、安全地直达企业和职工。通过数据的纵向协同实现赋能下沉,如支持余杭区建立亲清服务中心，探索面向企业的服务全集成；支持滨江区长河街道建立亲清驾驶舱，解决服务企业的"最后一公里"难题。二是以数据治理实现风险全程可控。通过构建电子存证区块链，确保核心数据可证、可溯、不可篡改，实现数字政务保障体系安全可信。基于图数据网络技术建立的信用风控系统，构筑数字风控的新能力。在"应届高学历毕业生生活补贴政策"上线的 7 个月里，平台实时排查出风险企业 78 家，其中 2 家被检察院取证，4 家移交公安，9 家追回补贴，涉及金额 195 万元。

（三）以直达理念倒逼审批改革

"亲清在线"通过推出投资项目审批"小时制"、企业开办"分钟制"、关联服务"一表制"等标杆服务，在行政审批领域不断进行一键直达式的颠覆性改革，推动实现涉企服务事项一键直达、一次不跑，让企业办事像网购一样方便，从而建立了"线上行政服务中心"全国新标杆。以"企业工业项目全流程审批服务"为例，该服务从企业视角出发，力求通过最大程度的信息共享、最低程度的人工干预，打造全程智能、无感审批，实现投资项目审批"小时制"。一是推进审批服务智能引导。将各个审批事项的前置条件规则进行数字化改造，平台根据前置环节信息自动为企业提供流程导引服务，实现审批全流程智能可导，彻底改变过去企业需要依托线下咨询串联复杂审批流程的现状。二是创新无感智慧审批。对于 12 类需办理事项中的 7 类事项，由"企业申报办"变为"政府内部办"，企业无需重新进件，实现无感审批，大大缩减企业的办事环节和报批时间。三是推进办理"小时制"。强化业务优化整合和流程并联化处理，将原来全流程审批的 10 个工作日，压减到 9 个半小时，以审批提速提升企业获得感、体验感。四是推进材料减量化。对审批数据进行精准分类和全程共享，将过去需上报 24 份材料、246 个指标，减少到 6 份材料、20 个指标。

（四）以信用承诺创新柔性治理

"亲清在线"充分利用信用承诺，实现了政策与服务的一键直达，但同时发现极个别企业未能很好地履行主体责任，违背信用承诺。"亲清在线"

依托社会信用体系构建柔性管理机制,以更智慧的监管促进更便捷的服务。通过打通杭州市公共信用信息平台,充分利用信用承诺和信用奖惩手段,全面融合完善企业公共信用记录和评价,首次在政策兑付领域建立基于信用分类的事中、事后"双随机"抽查机制,实现了"事前信用可诺、事中风险可控、事后信用可查、失信联合惩戒"的企业信用线上管理完整闭环。通过服务的过程,推动企业珍视诚信、敬畏诚信,营造"亲清在线"政企诚信互动的交流环境。

三、成 效

(一)政策兑付"在线直达",解决政策落地难

政策兑付是"亲清在线"中率先上线的服务板块。杭州为把国家、省、市在新冠疫情防控期间出台的各项纾困惠企政策通过不见面、不间断的方式快速精准地送达企业和员工,以疫情惠企政策为突破口,通过数据协同和信用承诺,进行政策流程再造,形成了"申报零材料、审批零人工、兑现秒到账"的直达兑付模式。以小微企业和个体工商户"两直"补助政策为例,平台在短短 7 天之内完成了 36 万次机器审核,14.9 万笔线上支付,10.9 亿元资金即时兑付,中央资金 6.677 亿元 100% 兑付到位,惠及小微企业 99465 家、个体工商户 49480 家。在线直达的兑付新模式让政策得以高效精准落地,效果实时可见,及时化解了企业的燃眉之急,解决了员工的生活之困。李克强总理在 2020 年 5 月 28 日召开的十三届全国人大三次会议记者会上强调政策资金要直达地方、直达基层、直达民生。"亲清在线"的政策兑付实践充分体现了杭州对总理指示精神的超前探索和先行实践。2020 年改造上线涉企政策 292 项,累计在线接收企业政策申请 205 万笔,实现在线兑付政策资金 68 亿元,共支付笔数 123 万笔,惠及企业 27 万家、员工 79 万人。

(二)在线许可"一键审批",政务服务再升级

为在浙江省政务服务 2.0 改革中主动承担拓荒开路、改革先行的责

任，杭州以企业高频办理的许可事项为切入点，以"一键审批"为导向，开展了关联事项办理"一张表"、投资项目审批"小时制"、企业开办"分钟制"、行政征收"零人工"等改革创新，力争为全省创造可复制、可推广的样板。推动建立了"线上行政服务中心"，2020年全年累计上线98项企业高频办理的许可事项，完成线上服务380万次、办件80万件，服务企业13万家。

（三）企业诉求"一键直达"，多策纾困更精准

为企业提供"诉求一键直达、政府多策纾困"服务。首先推出"我要招工""我要租房"等主题式的企业诉求渠道，在线汇集分析企业经营中的共性问题和困难，通过政策的精准化供给，撬动社会资源和服务的在线有效配给。以"我要租房"为例，一方面，收集企业员工对保障性租赁住房的具体需求，为房管部门制定完善保障性租赁住房政策、精准建设蓝领公寓提供依据。另一方面，为企业提供"零材料申报、零人工审核、当日可入住"的蓝领公寓线上申领和签约服务，实现保障性租房资源的在线供给。2020年共上线蓝领公寓2026套（间），完成线上租房1300套（间）。"我要招工"为企业反映用工诉求和用工状况提供了直达通道，帮助政府掌握全市用工就业整体形势。同时，在支付宝等端口开放"找工作"栏目，将企业招工需求释放到个人端，为个人提供"端对端、去中介"的免费求职渠道。

（四）互动交流"一窗对话"，服务贴心更贴身

通过建立"亲清D小二"线上服务机制，架设政企实时互动的云桥梁，为企业提供"一窗对话、限时办理"服务，实现咨询在线答、办件全辅导、诉求有回响。截至2020年底，杭州市落实1857名"亲清D小二"，搭配人工智能客服，进行线上实时响应服务，已为企业提供在线咨询和办件辅导3.5万余次。

（五）绩效评价"多维量化"，服务成效实时知

建立以企业评价为核心的政策与服务评价体系，对服务满意率、政策兑付率、异议处理率等服务指标进行在线监测，打造"多维量化、实时可测"

的数字化服务评价机制。2020 年全年企业好评率超过 93%。

(六)创新突破"示范引领",撬动效应初显现

"亲清在线"是体现以人民为中心价值理念的直接窗口,也打开了一个倒逼政府持续改革的窗口,其推动的改革创新和服务创新,获得了社会各界的广泛肯定与认可。《人民日报》两次头版头条刊登"亲清在线"服务企业案例,CCTV《新闻联播》两次报道"亲清在线"创新服务理念,新华网客户端、中国新闻网等央媒集中报道,《浙江日报》《杭州日报》等地方媒体主要版面跟踪报道。各类地方电视媒体栏目多次采访报道。《杭州市:"亲清在线"实现惠企政策兑付一键达》刊登于浙江省委改革办《浙里改(领跑者)》第 10 期;"亲清在线"项目获评浙江省多业务协同应用展示"观星台"优秀项目。杭州市委十二届九次全体(扩大)会议提出,以深化"最多跑一次"改革为引领,以"亲清在线"撬动各项改革,深入实施长三角一体化发展国家战略,加快建设"一带一路"重要枢纽城市,努力成为国际一流营商环境城市建设的实践范例。在"亲清在线"的改革引领下,民生直达、行政服务去中心化改革等一系列改革事项持续推进。

四、启示

"亲清在线"是一次以数据协同为技术赋能、以流程再造为改革赋能、以信用联动为管理赋能、以始终在线为服务赋能"四能叠加"下的现代化治理的场景式探索,通过坚持以企业视角审视问题、解决问题,突破思维,打破惯例,对政府服务的理念、行为、制度、规则、方法进行全方位改革,开创出一条数字赋能政商关系治理的新路径。

(一)确立"以人民为中心"的治理新理念

"亲清在线"坚持将以人民为中心的价值追求和数字赋能治理的手段创新相结合,彻底重塑政企关系,推动政企交流从"上门收集"转变为"在线呼应",政务服务从"坐店等客"转变为"互动平等",政策制定从"大水漫灌"

转变为"精准滴灌"，政策兑现从"层层拨付"转变为"瞬间兑付"，政策效果从"绩效后评"转变为"实时可测"。通过转变各级政府部门的工作理念和视角，推动服务效率变革、创新动力变革、发展质量变革。

(二)建立"流程再造"的政府改革新路径

"亲清在线"的流程再造实践，推动了政策兑付、行政审批、资源配置、财政审计等一系列重点领域在规则制度、权力运行、治理结构等方面的政府改革。一是流程再造倒逼数字化转型向规则层面深化。流程再造要求各事项在材料数据化、服务在线化的基础上，必须实现规则数字化。如为实现"两直"政策一键兑付，平台对28种符合政策条件的情形建立了数字化规则；为实现复杂审批流程的"智能导航"，平台对各项目审批事项的前置条件进行了数字化改造。360余项服务事项的上线意味着300多套数字规则已在线建立。二是流程再造推动政府权力运行模式重构。流程再造实现了用数据协同替换人工审核，大量零人工政策和审批事项上线。在提升政府效能的同时，压缩了政府部门的自由裁量空间，维护了"亲而有界"的政商环境。三是流程再造推动治理结构扁平化。在城市大脑中枢协议支撑下，多方数据按照再造流程进行无障碍协同，驱动业务与服务打破原有行政体系的管理层级和界限，形成了以"亲清在线"为载体的扁平化、平台化治理结构，更有利于直达式服务的实现。

(三)构筑"平等互信"的政商互动新关系

"亲清在线"将信用管理的理念置于政商交流的场景之中，建立了以信用为基础的政商关系治理逻辑。一是以"信用联动"实现全生命周期监管。协同市公共信用信息平台，建立以信用为核心的事中风控体系、事后监管机制、奖惩联动机制，对信用良好的企业给予充分信任，对信用不佳的企业给予限制，逐步形成了循环自净的企业信用治理环境。二是以"承诺互动"建立政企互信关系。企业通过信用承诺享受直达式服务，政府通过诉求直达、互动交流等服务，对企业做出"你有所呼、我有所应"的公开承诺。政企之间首次在线上完成了信用承诺的双向互动，推动政企构建起以信用为联结的互动关系,这样的关系和谐牢固,支撑政商关系治理向"善治"阶段发展。

(四)建立"诉求导向"的政策设计新模式

随着"亲清在线"服务的不断完善,以高频服务带动高频交流,以高频交流提升服务质量的迭代升级的发展逻辑在"始终在线"的服务过程中不断生效,使得从企业诉求出发的政策制定、兑付、评价、交流的服务闭环逐渐构建成型。"亲清在线"将"亲清D小二"服务,穿插设置在政策兑付和政务服务的各个环节模块中,让企业能在办事过程中随时进行交流评价,从而帮助政府在高频的交流中,更全面深入地了解企业的发展状态和诉求困难,找准服务企业的切入点和着力点,更精准地制定政策、创新服务。"始终在线"的服务与互动,支撑各级部门逐步确立了"以企业为中心、以数据为依据"的政策设计原则和方法,提高了政策设计的精准度和政策实施执行力。

(资料来源:杭州市发展和改革委员会)

案例点评:

打造优质的营商环境,提升企业办事的便利度,是城市治理现代化的一道"必答题"。就此而言,"亲清在线"不仅是杭州城市大脑创新实践的一个经典案例,而且是杭州在构建新型政商关系方面探索新路的创举。它之所以能够取得阶段性的成功,受到各方的欢迎,是因为它体现了城市大脑赋能城市治理的基本原则:充分利用已有的数据资源,同时给政府、企业及企业员工减轻负担、带来便利。简言之,不是"做加法",而是"做减法"。

"亲清在线"通过"做减法",在城市发展的效果上实现了"做加法":一是增加了企业对杭州的支持度和黏性;二是增加了企业员工在杭州干事创业的热情和力量;三是增加了城市治理在整体上的信任度、凝聚力。

要实现"做减法",还需要治理者、建设者在正确的地方"做加法":一是加强改革决心,不怕"自我革命"带来的风险和麻烦,只为服务好企业和市民,这是浙江数字政府建设以来一以贯之的理念;二是加强数据互通,实现这一点的难度往往不在于技术，而在于思想观念和体制机制；三是提高工作的持续性和韧性，避免只做"盆景"、不啃"硬骨头"，避免"重建设、轻运营"，让建好的平台不断变得更强大、更系统、更智慧。

总之，"亲清在线"的启示在于：能否真正实现"做减法"，不仅是检验政府营商环境建设成效的一条标准，而且应当成为衡量城市数字治理"路径对不对、效果好不好"的一条标准。

张义修

浙大城市学院城市大脑研究院、浙大城市学院马克思主义学院

"先离场后付费"场景

一、背 景

　　杭州是全国经济发展的前沿城市,近年来汽车保有量持续快速增长,但受城市发展空间制约,停车位的新建速度远滞后于汽车的增长速度,再加上停车存量资源使用不均,有限的城市停车设施得不到高效使用,加剧了城市停车设施的供需矛盾,"停车难"问题尤为突出,不仅影响市民的生活质量,也成为掣肘城市发展的顽疾。为解决此问题,杭州市城管局牵头开展城市大脑停车系统项目建设,以"便民、利民、惠民"为目标,围绕管理、服务、付费、决策、运营"五位一体"核心功能,全面整合停车系统的各类信息,实现全市停车场数据的集中统一采集、存储、处理,研究开发便捷停车服务功能,系统破解群众停车难题,做到让城市会思考、让生活更美好。

二、举 措

(一)做好顶层设计,搭建"十个智"智慧应用体系

　　杭州城市大脑停车系统按照便民服务与决策管理相结合的思路,通过资源整合、手段创新、功能拓展,构建了全国首个城市级停车场管理系统,建成了面向市民、车场、政府等多主体的"十个智"智慧应用体系,实现了杭州停车大平台共享、大数据慧治、大系统共治。"十个智"智慧应用体系具体包括"智政"(面向决策)、"智惠"(面向服务)、"智管"(面向管理)、"智停"(面向经营)、"智通"(面向协作)、"智盈"(面向运营)、"智擎"(引擎服务)、"智联"(数据汇聚)、"智数"(数据治理)、"智感"(物联感知)等十大系统(见图1)。

图 1 杭州城市大脑停车系统"十个智"应用体系

(二)汇聚停车数据,打造"全市一个停车场"

为摸清全市停车泊位"家底",杭州市城管局制定了标准化排查流程,通过市、区、街道协同联动,开展三轮数据普查,对杭州市现有停车资源进行摸底,掌握了全市停车场的精确位置、出入口、收费标准等基本信息,并制定了停车场数据接入标准规范。同时,按照"应接尽接"原则,将全市停车场(包括政府投资建设的停车场、商家和社会经营性停车场、道路停车泊位等)基础信息、车辆进出场信息等数据实时上传,消灭了各个独立停车场之间的信息孤岛,给市民提供了"全市一个停车场"的体验。截至 2020 年底,已有 4500 个停车场(包括道路停车点)、125 万个泊位接入全市统一平台,基本实现了市区全覆盖。

(三)坚持精准发力,系统破解停车"三难"

停车难,但到底哪里难,有多难,为何难。这些问题原来很难回答。现在依托城市大脑停车系统,可以系统性地回答"三难"问题。一是将杭州市划分为 8000 余个网格,利用 1290 万条高德轨迹数据,结合违停、停车场饱和度等数据,分析出各区域的"停车难度指数",解决"哪里难"问题。二是利用视频分析、空间数据计算等技术，每天分析 1200 万条卡口数据，结合接入的停车场泊位数据，计算出每个网格区域的停车缺口数，回答"有多难"问题。三是通过交警和城管违停数据，以及对外开放的停车场"停车指数"等饱和度数据进行分析，可以发现一批可能存在的"停车盲点"（停车场内部有对外开放的空位，但周边 200 米内违停比较多的区域），探索"为何难"的原因。

（四）紧扣"惠民利民"，全力推进"先离场后付费"

围绕车主停车时经常遇到的"离场难"等痛点问题（多次扫码，操作不便；频繁付费，体验不好；长时间等待，浪费时间），城市大脑停车系统推出了"便捷泊车·先离场后付费"服务，实现了停车不排队、快驶离、零接触。市民只需"一次绑定"，就能实现"全城通停"，充分享受"全市一个停车场"带来的便捷。"先离场后付费"支持"即时绑定、即时生效"，具有一站式查询停车账单等功能，可兼容商家停车优惠券系统，提供电子发票，实现便捷与优惠同享。2021 年，在"浙里办"、杭州城市大脑、便捷泊车、贴心城管等36 个渠道提供了"先离场后付费"开通入口，对接了支付宝、微信、市民卡、ETC、银行等，共有 128 种支付方式。截至 2020 年底，杭州市已有 3500 余个停场（包括道路停车点）、72 万余个泊位开通了"先离场后付费"服务，用户数已达 158 万，为市民提供服务 1900 余万次。

（五）深化应用场景，实现全市车位"一点达"

为进一步深化拓展停车便民服务场景，杭州市城管局推动研究开发了便捷泊车特色服务，实现全市车位"一点达"，加快停车场忙闲信息的发布。城市大脑停车系统通过高德、百度、贴心城管等 APP，把 497 个停车场泊位忙闲信息送到市民手中，市民可以实时掌握停车资源信息，寻找合适的空闲泊位，缓解"停车难"和"没车停"的现状。同时，在停车泊位诱导的基础上，为市民提供停车场智能诱导功能。通过全市停车场泊位预测算法，可以计算出未来短期目的地附近停车场的余位变化情况，让市民提前获知目的地 1 小时内泊位情况。

（六）着眼系统长效，法规运营同步跟进

杭州市城管局牵头修订《杭州市机动车停车场（库）建设和管理办法》，借势理顺停车管理体制，明确管理主体，统一管理和技术标准，并强化场库备案管理制度；加强综合执法，打破了原先停车场管理多头、乱象频出的局面。组建城市大脑停车系统运营公司，推进停车场管理标准、流程的统一，提升停车场运营服务和信息化水平，保障城市大脑停车系统的可持续发展。

三、成 效

（一）优化服务，提升杭州市民幸福感

市民通过城市大脑停车系统可以获取全城最权威的停车资源情况，可以及时获知杭州最新的静态交通信息，可以随时随地享受便捷的停车服务。这一系列的停车服务，可以为车主有效减少入场等待、车场找车、出场排队等停车过程中的无效时间。假设每次停车服务能节省 30 秒，相当于为市民至少节省 15 万个小时的离场等待时间，同时加快了停车泊位周转，提升停车资源利用效率；以每 30 秒排放 4 克大气污染物来计算，已累计减少排放 70 余吨，实现时间与能耗"双节约"；若提升 10％的利用率，以接入的 70 多万停车位总数估算，相当于释放了约 7 万个停车位，按一个停车位建造成本 20 万元计算，可为社会带来效益 140 亿元。

（二）提升资源利用效率，赋能街区治理，增加社会效益

城市大脑停车系统打造城市智慧停车算法引擎，充分发挥和挖掘海量停车数据价值，打通了停车场的泊位资源，解决了停车位空闲信息不透明的难题，加快了各接入停车场的停车泊位周转速度，进而提升了杭城停车资源利用效率。通过对停车指数、泊位指数、余位数进行聚合计算，提供标准化接口，统一赋能"停车难"区域进行治理。2020 年杭州市第一人民医院、浙江大学医学院附属第一医院、浙江大学医学院附属第二医院、杭州大

厦、西溪湿地等数十个治理点提供周边停车场泊位忙闲信息,属地通过引导屏、短信链接发送等实现智能诱导,让车辆直达车场。同时,积极开展服务指导,为更多"停车难"区域提供解决方案。例如:东新街道通过把罚单变成二维码,将东文路、新北街车辆引导至离小区 200 米的商业停车场,周边道路违法停车从日均 150 辆减少至日均 60 辆,路面停车秩序投诉同比下降 86%。长庆街道通过"线上+线下"双管齐下,每天平均成功引导 35 辆车进行错峰停放,楼宇泊位指数提升了 0.2,夜间的停车指数提升至 58.3%。天水街道通过"一键找服务",让停车找位路程平均缩短 1.7 千米,单程至少节约 18 分钟,来回累计节约的总时间可实现商圈多逛 1 小时,实现来逛就能停,抬头就能见。余杭区"市民之家"通过合理配置车位资源,引导市民就近停车,并且通过大数据分析将免费时长确定为一小时,周转率从 1.7 上升到 4.4,免费车辆从 2% 上升到 57%,实现 307 个车位满足 2100 人停车办事。

(三)变革车场管理模式,提升车场管理水平

杭州城市大脑"先离场后付费"在结合"无感支付"自动付费功能的基础上,提供了接口和规范,所有使用该接口和遵循该规范的停车场的扣费机制由原先的先扣款再抬杆,改变为先抬杆再扣费,解决了原先"无感支付"因网络等原因扣费失败而无法抬杆等问题;并因为扣款环节后置,大大提高了停车场出口通行效率,避免高峰期拥堵,提高了停车场泊位周转率,有效改善了现有停车场中的管理难点,减少了人力支出,降低了企业用工成本,提升了停车场营收。此外,通过打通数据链路,汇聚全市停车场项目立项、设计审批、竣工验收、经营备案以及场库运营等数据,打通停车场全过程、全方位管理数据链,结合场库运营、服务数据,为每个停车场建立专属电子档案,实现杭州市停车场从规划、建设到运行的全生命周期管理。通过大数据分析建模,智能发现收费异常、套牌车、稽查车等问题,实现与物价、税务、公安、法院等部门的特色业务协同。

(四)社会影响广泛,实现盆景向风景的转变

《新闻联播》、新华网、人民网、腾讯网以及《中国建设报》《杭州日报》等

多家媒体对城市大脑停车系统建设项目在缓解城市"停车难"以及改善道路交通状况进行的积极探索给予了肯定。此外，在代表杭州参加2019年香港国际资讯科技博览会、第二届中国（杭州）国际智能产品博览会时，其得到国内外参会嘉宾的高度关注和广泛好评。近年来，共有全国各省（区、市）100批次考察团主动来杭学习城市大脑停车系统建设经验。郑州、温州、福州、长春、呼和浩特等多个地市已学习参考"杭州模式"建设城市停车系统。

四、启示

杭州城市大脑停车系统通过探索与实践，为解决市民停车"离场难""找位难"等核心痛点提供了有效途径，并在全国率先探索了破解城市级"停车难"问题的杭州答案。

（一）数字资源配置需要高层级推动优化

加速数据资源的市场化进程，放大数据整合、共享、利用等的输出效应。全面打通游客数据、停车数据、景点及宾馆饭店的预约数据、交通数据，实现景区交通、旅游等的整体智治，从而提高"无杆停车"缴费率和价值溢出效应，提升市民、游客的满意度。

（二）政府公共服务需要系统性整合完善

从"无杆停车"试运行的数据分析看，缴费率达到83%，这也体现了杭州市民、游客的诚信度，但17%的未缴率，除遗忘、逃单等因素外，也一定程度上反映出城市公共服务还不够到位，例如停车诱导、资讯服务、掌上办事、信用服务等的知晓度、便捷度与市民、游客的期望还有差距。对此，一方面，需要建设"无杆停车"管控平台，推动停车场智慧化改造，比如增加语音播报设备、监控设备等，对所有未缴费车辆实现短信提醒，对第二次进入景区停车场的未缴费车辆实行现场补缴，方便市民、游客事后远程缴费。另一方面，充分发挥"浙里办""杭州办事""先离场后付费"等平台和系统的作用,对所有未缴费车辆进行提醒告知,不断提升车主缴费的主动性。

(三)停车系统需要智能改善

杭州城市大脑停车系统通过探索与实践,已取得一定成果。下一步,还需加速传统停车场向线上化、智能化的转变,打破停车场和车主之间的信息隔阂,提升停车场运营效率;持续深化系统管理和决策功能,逐步实现停车管理精细化和决策科学化;加大力度赋能街区治理,以重点商圈和大型医院为突破口,以点带面,全面改善停车难问题。

（资料来源：杭州市城市管理局）

案例点评:

《杭州城市大脑赋能城市治理促进条例》(2021年3月1日起施行)明确了城市大脑的四要素:中枢、系统与平台、数字驾驶舱和应用场景。应用场景是依托中枢,通过线上业务连接和数据协同计算,实现流程简化优化的综合系统。城市大脑之问是:"能否只以城市10%的资源,支持城市高质量可持续发展?"城市大脑的原理基础,就是资源配置与效用。城市会思考,让手脚协调,就能减少资源消耗,扩增资源效用。

"先离场后付费"场景是回答城市大脑之问的很好的实践探索。场景规划的启动要求是确定真正的民生需求。"离场难"对应的是"节约时间资源"的需求,"先离场后付费"场景加快了车辆流动速度,提升了泊位利用效率。此外是借助技术方案,构建中枢协同相关系统,从而使"先离场后付费"成为可能。

场景即治理,良好的治理需要尊重市场规律,遵循道德与法制,强调治理主体的共同行动,这很考验场景建设之于政府、民众、企业的价值,也决定了驱动力的来源。能够吸引停车企业改进系统更好提供便民服务的,必然是来自收益提升的激励。为此,政府的主导和指导固不可缺,但行政权力的边界亦需守定。

方洁
浙大城市学院城市大脑研究院、浙大城市学院法学院

"先看病后付费"场景

一、背 景

在杭州市卫健委、市数据资源局、市医保局等多部门联合推动下，杭州市红十字会医院作为杭州市城市大脑"先看病后付费"试点单位，通过数字化手段解决病人看病就诊中的难点问题，实现了看病就诊最多付一次，让每位患者都能享受到"先看病后付费"的便捷服务，还时于民、还时于医生。"先看病后付费"成为医患双方都乐于接受的就医模式，成为全国乃至全球领先的经典案例。

传统的就医流程包括挂号、就诊、检查、取药等环节，每个环节都与结算相关，导致病人需要反复付费，浪费了较多时间在与诊疗本身无关的环节上。医院将结算从窗口转移到自助机，实质上就医流程没有太大的变化，但通过城市大脑数字治理的方式，就医流程更简便。

杭州市卫健委为方便老百姓就医，推出"舒心就医服务"，也就是"先看病后付费"的前身，并且取得了不俗的成绩。截至 2020 年 12 月底，杭州市已有 343 家医疗机构提供"最多付一次"服务，舒心就医服务指数已达到 90.18%，累计服务 5888.40 万人次。

医院现有"先看病后付费"模式虽然从一定程度上解决了看病烦的问题，但也出现了一些使用环节复杂和操作困难等问题，特别对于老年人来说，成了不可逾越的"数字鸿沟"。其中很多深层次问题靠医院或者卫健部门无法彻底解决，因此杭州市数据资源局协调多部门破解难题，对"先看病后付费"服务进行再提升，通过城市大脑让看病更加智慧和便捷。

二、问 题

(一)开通过程过于复杂

开通过程需要输入两次手机号码,不能将已存在的手机号码等信息进行共享利用,还要输入验证码,这些操作过程较长,老年人操作更加困难。由于开通过程烦琐,病人大多数不愿意开通,开通人数偏少。

(二)实名制还不够健全

实名制是城市信用体系的基础,也是"先看病后付费"信用支付的先决条件。由于历史原因,病人手机号码信息预留错误率较高,尚有 60 万—100 万用户的手机号码信息错误,另外手机号码不准确的还占相当大比例,因此实名制不健全成为阻碍"先看病后付费"推广的重要因素。

(三)还款不够便捷

短信发送以后,病人无法根据短信引导还款,需要下载杭州健康通 APP 进行注册绑定还款,甚至还要下载市民卡 APP 关联还款。整个操作过程比较复杂,还有很多失败的情况,导致病人不愿意进行操作,病人不能及时还款,导致坏账的发生。

三、举 措

杭州市城市大脑建设指挥部根据杭州市红十字会医院实际情况,多次召集相关部门召开协调会议,以城市数字化为目标,将"先看病后付费"融入城市大脑的总体部署中去,从数据互通、资源共享、数据治理等角度深入剖析问题,找出了问题的症结,利用城市大脑数字赋能提出解决方案。

(一)扩大服务人群

医院就诊病人的构成比例为:杭州市医保(含市异地)占 80%,省级医保(含省异地)占 5％,自费病人占 15％,杭州市医保病人是本次"先看病后付费"再提升的重点。在实名制基础上,先做到市级医保病人全开通,再逐步扩展到省级医保和自费病人,最终实现全人群先看病后付费。

(二)简化开通方式

主要在接诊环节开通"先看病后付费"服务,与杭州市数据资源局健康码相关数据进行实名比对,确保手机号码准确无误。对病人是无感开通,开通后发送短信提醒。

根据杭州市红十字会医院 2020 年 12 月 25 日改造后首日的运行数据,开通"先看病后付费"的人数由原来的几十人上升到 807 人,大幅度提升了开通的人数。"先看病后付费"改造提升以来,该院工作日开通人数在800—1000 人,双休日开通人数 500—600 人。

(三)改进还款方式

在实名制基础上,增加可直接进行还款的短信链接。病人可以点击链接通过支付宝还款,也可以将短信发送给其他人,让其他人代为还款。

四、成 效

(一)还时于患者

根据医院大数据分析,杭州市红十字会医院实施"先看病后付费"以后,病人平均就诊时间缩短了 10 分钟,初显成效,真正做到了还时于患者,医护人员能更多地为患者提供诊疗服务。

(二)医疗资源有效利用

城市医疗资源非常有限,医院的建设需要较大的投入。医院通过数字化手段减少了病人的就医时间,节省的时间可以接纳更多的病人。杭州市红十字会医院平均为患者减少了 1/3 的就诊时间,相当于在不增加投入的情况下,可以再多服务 1/3 的病人,使得医疗资源得到最大化的利用。通过城市大脑的精细化管理达到了节省成本、提高效率的目的,也为医院管理注入了新的动能。

(三)转变服务模式

目前,大部分医院付费以自助服务为主,医院配备的大量自助机占用了较大的门诊空间,病人被强行要求自助结算,实际上体验并不好。此外,自助机既不环保又影响美观,也存在信息安全隐患,医院还要投入大量的资金维护保养。"先看病后付费"实施以后,病人付费不依赖自助机,杭州市红十字会医院撤除了 13 台自助机,从之前的 44 台,减少到 31 台,下一步将根据项目推进情况继续减少自助机,把有限的空间让给患者和医护人员。

(四)适老工程填平"数字鸿沟"

对于部分不会操作智能手机或者自助机的老年患者,杭州市红十字会医院在门诊各楼层安排了志愿者和导医人员,帮助老年人进行相关操作,尽量让老年人也能享受"先看病后付费"的便捷服务,顺利跨过"数字鸿沟"。对于没有智能手机或者没有办法接受数字服务的老年患者,杭州市红十字会医院也有老年专窗专门为老年人提供人工服务。

五、启 示

"先看病后付费"场景的落地,是杭州城市大脑数据治理和数据协同的重大成果。该场景把原来的医生诊问、自助机多次付费减少到一次就诊只需付一次费,提升改造了电子健康档案系统,建设了卫健部门数字驾驶舱。信息共享让患者在不同医院就诊减少重复检查,让医生通过信息共享更全面地掌握患者的病情,快速进行诊断和治疗。更主要的是提升了市民的就医感受,让医护人员有更多时间与患者交流,大大提升了医护人员的职业形象,同时也为医院节省了空间、能源和成本,加快停车位周转速度,改善了环境。

在互联网金融的背景下，要有更多的前瞻眼光，充分发挥互联网在生产要素配置中的优化和集成作用，充分发挥信用经济在构建市场经济中的重要作用，以社会信用体系的不断完善助推市场经济的不断发展，以个人信用的社会化应用和信用普惠经济不断给人们带来实实在在的便利。

（资料来源：杭州市卫生健康委、杭州市红十字会医院）

案例点评：

国家卫生部在 2013 年起试点推出了"先看病后付费"制度，即医院先垫付医疗费，病人看完病只需交纳自己承担的那部分费用，其余的费用由医保部门直接支付给医院。此外，患者只需要签署"住院治疗费用结算协议书"就可以直接住院了。基于城市信用体系的"先看病后付费"场景是杭州城市大脑的进一步延伸和实践，通过数字化手段，大大简化就医流程，实现了看病就诊最多付一次，还时于民，还时于医。城市大脑的数字赋能，解决了政策落地过程中的各种难题，力求做到政策全覆盖，让更多的人受惠。

"看病难、看病贵"是一个全社会都非常关注的民生话题，基于城市信用体系的"先看病后付费"场景依赖于市民的信用水平和经济发展水平，其和所有后付费制度一样，不能忽视风险问题，仍需配套相关措施加以保障，如个人征信系统的匹配等。

唐培培

浙大城市学院城市大脑研究院、浙大城市学院计算机与计算科学学院

"畅快出行"场景

一、背 景

随着杭州经济社会快速发展,"车多路少、事多警少"的矛盾越来越突出。杭州市机动车和驾驶人保有量,分别是 2000 年的 2.7 倍和 3.2 倍,交通警情数大幅增加,但警力数不升反降——市公安局交警局本级行政编制数从 2008 年的 1426 人降至 2020 年的 1297 人。与此同时,为筹办杭州 2022 年亚运会,杭州城市快速路网、轨道交通网等市政基础设施建设加紧推进,可供通行的道路面积锐减 20%。交通拥堵问题日益凸显。2015 年至 2016 年,在全国交通拥堵城市排名中杭州一直在第二、三位徘徊。

面对严峻形势,改革、破除传统的"人工式、被动式、经验式"的警务机制势在必行。对此,杭州公安交警部门积极对接国家重大战略,紧紧抓住杭州市发展数字经济、建设城市大脑的契机,按照公安部"深圳会议""长沙会议"的部署要求,牢固树立"需求引领技术、创新驱动发展、实战检验警务"的理念,以城市大脑为平台,以警务机制改革为引领,勇于创新,大胆实践,着力推进城市道路交通治理体系和治理能力现代化建设。

二、举 措

从 2016 年 12 月起,杭州市公安局交通警察支队基于"城市生命体"理论和"互联网＋交通治理"的思维,坚持以服务实战为导向,以需求引领技术,按照"全面感知、战略主导、智能模仿、反哺系统"的路径,会同在杭高新企业,垂直整合大数据、云计算、人工智能等前沿技术,在 2017 年 6 月建成城市大脑交通 V 1.0,并在 2018 年 9 月迭代升级到 V 2.0,并通过两年时间逐步覆盖全市范围,并实战应用于全市两级交警指挥部门。在此基础上完成了交通数据中心、交警云平台、公安视频专网、信号配时中心、感知设备补盲等城市大脑基础设施的建设,开启了杭州城市交通管理现代化、警务机制数据化的深度变革。

(一)城市交通状态由定性向定量转变

城市大脑像 CT(电子计算机断层扫描)一样每两分钟对城市道路交通状况进行一次扫描,实时感知在途交通量、延误指数、拥堵指数、快速路车速等 7 项"生命指标",精准测算杭州市每条道路实时行车速度,供决策指挥人员量化掌握实时路况。其中,在途交通监测技术为国内首创,领先国际同类技术。决策指挥人员借此可掌握实时路况,预判发展趋势。对可能发生异变、突变的交通趋势,城市大脑会自动提前警示,为决策指挥人员采取交通诱导和调整交通组织、勤务部署等应对措施赢得了时间、占据了先机。其中,在城市大脑交通在途量中,首次将城市道路在途车辆数清楚,并以此为契机推出"非浙 A 急事通"应用(见图1),允许外埠车辆在限行时段

图 1 "非浙 A 急事通"

内通过线上报备通行,成为国内首个给限行措施"松绑"的城市。

(二)交通事件处置由被动向主动转变

自 2017 年开始直到 2020 年底,杭州公安交警部门逐步将近 4000 路交通视频监控、1700 个信号灯路口及全部路段情况接入城市大脑,实现了城市道路交通全天候的自动巡检。截至 2020 年底,城市大脑日均发现交通违法、道路拥堵等各类交通事件近 3 万起,准确率达 95%,且从发现至产生事件报警用时仅为 5—10 秒,让衍生的交通拥堵、二次事故发生率得到有效降低。

(三)交通信息共享由单向向互动转变

紧密结合"放管服"改革,将互联网地图、警察叔叔 APP、广播电台等作为重要窗口,第一时间发布路况信息并进行交通分流诱导。交通参与者也可以通过警察叔叔 APP 进行报警求助或发表意见建议,与城市数据大脑即时互动,加强双向沟通。交通 V 2.0 上线后,警察叔叔 APP 的用户量迅速突破百万大关,采集和发布交通信息上万条。此外,基于城市数据大脑开发了 110、119、120 等救援车辆的"一路护航"功能,通过对象发起、并行协作,在线实时构建、打通消防和医疗等"救援快速通道"。

(四)城市大脑应用场景由单一向联动转变

杭州公安交警部门深度探索场景应用,于 2019 年以工程运输车引发的亡人事故为切入点,推进城市大脑由治堵领域向治理领域延伸。汇聚城管、建委等业务部门,建成城市大脑重点车辆管理平台,将工程运输企业、车辆、驾驶员以及企业内部监管等数据纳入平台,开发建设闯红灯、超速、走禁行线、关闭 GPS 等 13 类违法行为实时预警模型,对平台报送的预警信息坚决做到落地查处。同时,将支付宝"智安通"平台作为驾驶人、车辆及运输企业治理的落脚点,同步推出"民警、企业、驾驶人"模块,实现全市 1266 家运输企业在线率 100%、28674 名驾驶人安装率 100%、28675 辆重点车辆在线率 100%、驾驶人驾驶期间在线率 95% 以上。

三、成 效

(一)交通拥堵问题得到了有效缓解

2016年受G20峰会施工的影响,杭州市拥堵指数一度达到2.01,排名全国第二。而从2016年到2019年,杭州市紧密推进城市大脑建设及道路、地铁建设,在多方共同努力下,2019年杭州市延误指数降至1.57,全国排名第39名。2020年,受新冠疫情影响,公共交通出行分担率下降,受施工影响,道路可通行面积下降14%,整体情况与2016年相仿。但杭州公安交警部门坚持"大脑+手脚"警务组织模式,交通事件的1分钟快撤、5分钟到达率在全市域达到80%,快速路已达到91%,整体拥堵排名保持在全国大中城市第30名左右。整体交通状况的健康度始终保持在全国大中城市的中上游水平。

(二)亡人事故有效减少

随着亚运场馆及地铁施工深入,杭州市工程车保有量由2019年的1.8万辆增加到2020年的2.4万辆,工程量大幅增加。在此情况下,杭州市涉及大货车死亡人数171人,较2019年同期减少41人,下降19.34%,其中全市工程死亡人数减少14人,下降35.9%。截至2020年12月,杭州市交通事故共造成488人死亡,同比减少185人,下降27.49%。

(三)建成全市交通类数据汇聚、共享中心

自2017年开始,杭州公安交警部门坚持"边升级改造、边数据融合、边开放共享"的原则,组建了专门的数据治理小组,挖掘数据资源潜能,规范数据处理流程。在汇聚近15年建设的智能交通系统数据的同时,在杭州市数据资源管理局的大力支持下,融合来自大公安、互联网、其他政府部门及社会各界关于交通类的数据。截至2020年底,共梳理接入487项、9000多亿条数据,基本形成了"统一调度、精准服务、安全可控"的数据资源服务体系。2019年至2020年,杭州交警云平台已为交通、城管、建委、卫健以

及东站枢纽等多个平台和场景提供了 278 项、8700 余万次的数据支撑;并率先以"两客两货"车辆及重点运输企业场景为切入点,在各政府部门之间打破行政壁垒,实现线上共治。

四、启 示

"畅快出行"场景的实施,是基于城市大脑的数据融合与算力能力,也是数据赋能缓解城市交通拥堵问题的尝试,其意义不仅仅局限于交通治堵,更在于交通管理者理念的变革,对于数据力量的重新认识,是交通治堵到交通治理的起点。下一步,杭州公安交警部门将持续着力推进城市大脑应用,由交通治堵向交通治理延伸,充分借鉴新冠疫情防控过程中"一图一码一指数"机制的成功经验,探索城市大脑交通治理 V 3.0 的"一图二码一指数"。

在治理安全方面,以五色图为抓手,以交通事故、交通违法为关键指标,对社区(村)、运输企业、道路进行赋色管理,进一步加大源头治理、综合治理力度。

在治理拥堵方面,以拥堵指数为切入点,布建 ETC 感知设备,通过流量分析,还原车辆 OD 轨迹,建设可变车道、潮汐车道、智能信号灯,实现智能诱导,疏通"毛细血管",公共交通优先,对城市交通进行精准智控,实现道路资源利用最大化。

在服务民生方面,以电子驾驶证二维码、机动车行驶证二维码为抓手,建成交通违法、事故线上处理中心,实现民警线上处理违章和事故;建成基于互联网地图的一站式服务中心,以驾驶证、行驶证二维码为入口,实现全部公安交管业务的一站式入口、一站式服务;建成车驾管线上服务中心,推行购车、验车、换证"一件事"办理,实现群众办事"零跑",最大限度方便群众。

(资料来源:杭州市公安局交通警察支队)

案例点评：

2016年，杭州启动了城市大脑建设，以交通领域为突破口，在全国率先开启了利用大数据改善城市交通的探索。经过多年的试点实践，杭州基于城市大脑的交通治理不断升级、创新，从单一交通领域延伸至城管、卫健、旅游、环保等多个领域，从"治堵"延伸到了"治城"，让杭州成为全国第一个利用城市大脑计算有序放宽"限行措施"的城市、第一个实现"急救车不必闯红灯"的城市、第一个利用"延误指数"指导城市交通管理的城市等，真正实现了让城市会思考，让生活更美好，让资源最优化，让治理更高效。

杭州市"畅快出行"场景基于城市大脑，将城市看作一个生命体，用数字化的方式对城市交通状况进行扫描，实时感知城市交通相关的各项生命体征指标，精准测算城市交通状态，智能预判预警，及时洞察交通风险，推动交通事件处置从管理走向服务，更加科学精准、多跨协同，让交通指挥人员和管理者能够快速、准确地掌握实时路况，更好地指挥交通、辅助决策。"畅快出行"场景还从市民的实际需求出发，上线了"非浙A急事通"、一键护航、重点车辆监管等一系列暖心举措，这些举措让城市不断升温，助力杭州成为一座有智慧、有温度的城市。

后续，"畅快出行"场景在全面实现支撑核心业务运行监测评估的基础上，可以进一步提升预测、预警和战略管理的支撑能力，以算力换人力，以智能增效能，在提高交通事件处置效率的同时，减少交通出行的问题，变革性提升交通治理效能；还可以加强与公共交通、智慧停车等场景的融合与联动，推进多部门多场景的协同应用，进一步从全局角度解决交通问题，助力杭州迈向一网统管、整体智治。

念灿华

浙大城市学院城市大脑研究院、杭州数梦工场科技有限公司

"多游一小时"场景

一、背 景

为主动适应文旅融合、大众旅游、全域旅游等新时代旅游服务的新要求、新形势,针对民众反映最多的排队时间长等、资讯获取慢以及"游占比"低下等旅游治理痛点问题,杭州市文旅局运用大数据、物联网、云计算等技术优化城市旅游资源配置,让游客在杭州逗留时间不增加的情况下,多游一小时。

二、举 措

杭州市文旅局以城市大脑为载体,聚焦景区入园、酒店入住、游览转场等游客排队等候最多的场景,通过数据汇聚、协同共治和在线服务推出"20秒入园""30秒入住""数字旅游专线""旅游一卡通"四大便民服务,把城市大脑蕴含的治理思想转化为治理效能,引领城市旅游服务的数字化转型。

(一)便民服务一:20秒入园

针对景区游客排队等候时间长这一痛点问题,通过业务协同、技术支撑、数据驱动引导景区推进"20秒入园"。游客到景点打开支付宝,在闸机上扫付款码后可直接入园,免去窗口排队购票的时间,实现20秒入园。游客只需网上预订门票时输入相关信息,线下即可直接扫码入园,缩减窗口购票环节,减少景点售票处拥堵及入园排队情况。通过数字的多链融合与服务场景叠加应用,"20秒入园"改变了传统的服务流程和服务模式,为景区精细化管理装上"新大脑"。闸机系统、票务系统数据打通后,景区能即时了解当前游客入园的情况,并结合当天门票预订情况,科学、即时调配各部门人员和车辆,优化景区资源配置,为游客带来高品质的旅游体验。

在"20秒入园"场景的基础上,杭州市文旅局和卫健委建立专班,联合西湖风景名胜区委会,通过数据协同,为无偿献血者提供服务。从2021年1月1日起,杭州市无偿献血荣誉证获得者无须携带献血证件,只需要刷身份证,即可通过闸机直接入园游玩包括灵隐飞来峰、岳庙等西湖所辖的16个收费景区。截至2020年12月,"20秒入园"覆盖景点和文化场馆超过200个,累计服务游客1775.96万人次。

(二)便民服务二:30秒入住

针对酒店入住排队等候时间长这一痛点问题,通过打通酒店管理系统、公安登记、门禁、收单交易、在线旅行社预订、酒店直销等六大系统,游客仅需"扫描身份、人证对比""查找订单、确认入住"和"制作房卡"三步操作,即可自助快速办理入住和退房。全程自助办理仅需30秒,为每个房间办理入住平均节省约4分钟,提升了游客入住体验。"30秒入住"不仅是IT设备和技术的革新,更伴随着酒店空间设计、员工岗位职责、接待和服务的标准流程等方面的变革,重塑了酒店的商业模型。依托"30秒入住",员工走出前台,引导客人自助办理入住/退房,伴随问候、奉茶服务;业务处理移动化、电子化,既提升了游客入住体验,缩短了办理入住的排队时间,又提升了酒店前台服务效率。截至2020年12月,"30秒入住"覆盖杭州市酒店、宾馆611家,超额完成年度500家的任务目标,累计服务游客596.54万人次。

(三)便民服务三:数字旅游专线

"数字旅游专线"是对全域旅游背景下,游客散客化出行的积极回应。通过与杭州公交集团、杭州长运运输集团等企业合作,利用闲置车辆资源,在杭州火车东站,富阳、桐庐、建德和千岛湖等地的高铁站以及武林广场、湖滨步行街等商业中心,开通直达景点及酒店的数字旅游专线10条。同时通过"杭州数字旅游专线"微信小程序,提供线路信息、景点资讯以及在线预订等服务,游客一站直达目的地,提高游览转场效率。

(四)便民服务四:旅游一卡通

杭州市文旅局联合西湖风景名胜区管委会,全面升级杭州文化旅游卡和长三角 PASS 卡,取消购买用户地域限制,首次向全国游客推出政府背书的旅游产品——杭州都市圈文旅卡之 99 元游杭州。该卡只销售 99 元,整合了西湖风景名胜区 16 个核心景点,总价值近 300 元。同时针对上海、嘉兴、绍兴、湖州、黄山等 5 个城市分别上线了 99 元旅游卡。此外,该卡融合了太阳马戏、杭州湖滨银泰 in77 等 25 家精品商户的文旅消费场景,实现了更多权益整合。截至 2020 年 12 月,文化旅游卡市民版和游客版累计预售超过 43 万张。

三、成 效

(一)推动数字技术在文旅产业的创新应用

围绕"多游一小时"的目标,通过数字的多链融合与服务场景叠加应用,引导文旅企业将 5G、大数据、物联网、人工智能等先进技术扩展到运营流程、服务供应链条、产品和服务创新、线上线下服务融合等领域。以华住集团为例,在杭州,该集团旗下的 251 家酒店已实现了"30 秒酒店入住"的 100% 全覆盖,且平均使用率已达 57%,每天超过 11000 人次进行体验,让传统平均 5 分 30 秒的入住时间缩短到 30 秒以内,减少了 90% 的等候时间;根据华住集团的统计,每使用一台"30 秒入住"设备可节省 0.54 个人力,每年可减少 5 万元支出,251 家店 294 台机器每年可直接节省成本约 1500 万元。

(二)全面推广"非接触式服务"

在新冠疫情防控中,把实名制、分时预约、健康码验证等数字化功能免费开放给文旅场所,用数据引导客流管控、优化提升服务。杭州市 195 个景点、文化场馆和 500 家酒店均具备"非接触式服务"功能。截至 2020 年底,"20秒入园"设备覆盖景点和文化场馆206个,累计使用人数超过1517万人次;"30秒入住"设备覆盖酒店515家,累计使用人数448万人次。"20秒入园""30秒入住"从最初艰难起步,到如今受到普遍赞誉,成为引领时代潮流、体现杭州特色的旅游治理品牌。

(三)数据协同实现管理"收放自如"

依托城市大脑,强化数据支撑,精准掌握景区实时客流,实现短时客流预测、客流预警,全面推行景区景点"限量、错峰、分时段预约",把流量管控关口前移,避免了游客瞬间集聚。2020年"双节"期间,提前向游客发布预警提示短信400万余条,建议游客改日前往,防止游客"跑空",有效提升了游客的体验感。

"多游一小时"场景获得了中央、省市等多部门的高度认可。在2019年杭州城市大脑数字尖兵技能比武大赛中,"多游一小时"场景在全市48个场景中取得第三名的佳绩,获得二等奖。2020年6月,杭州城市大脑文旅系统打造的"多游一小时"被评为文化和旅游部年度文旅信息化发展典型案例,7月被评为浙江省城市大脑(智慧城市)场景应用优秀案例。

四、启示

一是数据共享发挥资源价值。以交通运输、空气质量、停车泊位、酒店入住等各方面的涉旅数据为资源,向数据要人力,向数据要服务能力,解决产业治理中的突出问题,实现创新的人性化治理模式。

二是系统互通再造服务流程。以用户需求为导向,通过系统互通实现数据流通,改服务流程,改服务模式,改服务理念,拆除浪费游客时间的障碍。

三是场景落地提升治理能力。从应用场景出发,通过城市大脑实现公安、城管、交通和气象等各个部门及各区、县(市)业务数据的即时获取以及基于数据的行动策略的即时执行,聚焦游客出行、景区入园、酒店入住和消费引导推进精细化管理,提升产业治理智能化水平。

由于消费习惯、用户体验、宣传跟进、利益重组等多种因素,"30秒入住""数字旅游专线"等便民服务投入运行后,公众知晓度、使用率还有提升空间,特别是对于"一车到底""一码入园""一键入住""一个点击有景点讲解""一下高铁租车通借通还""一张公园卡游遍杭州"等游客的普遍期盼,我们要让游客把更多的时间用在体验与消费上,不断为游客提供高质量的服务场景。在应用场景提质扩面的同时,进一步增强城市文旅系统的数据获取和综合分析研判能力,从而实现跨层级、跨地域、跨系统、跨部门的协同管理和服务,让广大游客尽可能摆脱堵车、排队、等候等烦恼,获得沉浸式的旅游体验,让中外游客充分体会到杭州的无限魅力。

(资料来源:杭州市文化广电旅游局)

案例点评:

"多游一小时"是文旅系统在公共服务领域的应用场景,通过数据汇聚、协同共治和在线服务着力优化城市旅游资源配置,聚焦游客出行、景区入园、酒店入住和消费引导推进精细化管理,旨在解决民众反映最多的排队等候时间长、游占比低下等旅游治理痛点问题,提升在杭游玩体验。

"多游一小时"场景聚焦旅游的突出问题,找准症结破难题。针对游客反映最多的排队等候时间长问题,在城市大脑中枢的算力支持下,通过系统互通和数据协同,以"让游客多游一小时"为重点,让游客把更多的时间用在体验上、用在消费上,切实提升游客的获得感和幸福感。

此外,"多游一小时"场景将政务服务与市场服务相结合。本着游客至上的理念,重新定义政府的日常工作职能界限,打破文旅产业与其他产业的边际效应。

当然,"多游一小时"场景还需考虑老人、残疾人等弱势群体的服务需求,适当在线下保留人工服务窗口,尊重各类游客的旅游方式,推出多样且包容的服务模式。

张佳佳
浙大城市学院城市大脑研究院、浙大城市学院传媒与人文学院

"互联网＋养老"服务平台

一、背 景

　　杭州是我国较早进入老龄化社会的地区之一,当前杭州市老龄人口仍处于快速增多阶段,全市 60 周岁以上老年人超 179 万人,占总人口数的22.55％,老年人口年均增速超 5％。此外,近年来老龄化、空巢化、高龄化、失能化"四化叠加"趋势不断加剧。为积极应对人口老龄化挑战,提高养老服务效能,提供多样化服务,成为杭州市民政部门研究的重要课题。

　　近年来,借助杭州城市大脑建设的契机,杭州市民政局充分利用物联网、云计算、大数据、智能硬件等新一代信息技术产品,进一步将互联网引入养老服务的各个领域、环节,为老年人及家属提供高效便捷的供需对接、质量评价、远程监测、数据分析等服务,打造线上快速响应、线下良性互动、全程留痕监管的智慧化养老模式,有效解决为老服务"最后一公里"难题,不断提升老年人幸福感和获得感。

　　中央网信办将杭州列为人工智能社会实验养老试点城市,工信部、民政部、国家卫健委授予杭州全国智慧健康养老试点市级示范基地 1 个,区级示范基地 2 个,联动建成示范街道 9 个,养老服务高质量发展的"杭州样本"初见成效。

二、举 措

(一)数字＋数治,养老服务全效管理

1. 加强立法保障

《杭州市居家养老服务条例》经杭州市人大常委会通过、浙江省人大常

委会批准,于 2020 年 10 月 1 日起正式实施。条例对智慧养老服务平台建设、功能架构及服务内容等进行了明确,从顶层设计上不断丰富智慧养老的内涵。市级"互联网＋养老"平台接入城市大脑驾驶舱,充分整合养老服务线上与线下资源,形成互联互通、动态更新的城市养老云场景。

2. 促进服务提速

以大数据应用推动养老服务领域"最多跑一次"改革,实现养老服务事项 100％网上办,个人办事事项 100％就近办,从"线下流水线"转变至"线上云计算",推进"简化办、网上办、移动办、就近办"。开通了杭州市统一的养老服务热线 96345100,为老年人提供政策解答、设施查询、服务咨询等,2020 年累计接听 34651 人次。

3. 强化动态监管

线上巡查系统记录隐患排查、评估、报告、整改过程。养老服务热力图实时跟踪服务情况,通过移动终端对养老服务对象、内容、时间、地点等进行留痕管理,实现全流程闭环。

(二)线上＋线下,服务平台全域推进

1. 建立大数据平台

搭建涵盖"业务管理、公众服务、机构运营、支付结算、数据应用"等五大平台的"互联网＋养老"系统,横向与卫健、医保、公安、人社等多部门实现数据交互,纵向对接省级和区县级、镇街级信息系统,动态掌握老年人年龄、户籍、健康状况等基础信息,实现功能整合、数据交换、信息共享,形成立体发展格局。

2. 提供全流程监管服务

安全巡查、老年人巡访等工作均摆脱了过去的纸质表单填写模式,实现在线录入,实地拍照取证,数据统一归集。养老服务工单地图实时跟踪服务情况,通过移动终端对养老服务对象、内容、时间、地点等进行留痕管理,实现全流程闭环。

3. 提供点单式服务

推出移动端养老服务专属页面,老年人及家属可自主查询养老相关的服务项目、服务商户及服务价格,点单式预约服务就像上大众点评找餐馆、上淘宝购物那样方便。

4. 提供移动端专属服务

在移动端为杭州市老年人定制专属页面,老年人及家属通过市民卡APP即可查询周边养老设施并导航,借助 VR(虚拟现实)全景图片,足不出户就能对心仪的养老机构有直观的了解;只需输入年龄、户籍等少量个人信息,便可通过智能养老顾问精确匹配能够享受的政策待遇及办理渠道。

5. 创新电子化支付

托底保障低收入的高龄、失能老年人,将养老服务补贴打入老年人社保卡(市民卡),设立养老服务专户,在全国率先创设杭州市通用的养老电子货币"重阳分",老年人持卡可自主选择、自主管理,打破了原来的区域壁垒,形成了全市统一的养老服务市场。率先开通电子养老卡,养老服务扫码买单,实现无卡支付。

(三)温度十精度,服务响应全时在线

1. 智慧呼叫升级

为高龄、失能等困难老年人发放智能养老终端 14 多万台,老年人遇到紧急突发情况时只需按下终端上的红色按钮即可实现一键呼救。服务商全天候在线提供以"助急"为核心的三大类 13 项服务。

2. 无触感体验升级

针对新冠疫情常态化防控,拓展智慧养老应用场景。老年食堂无接触取餐,由智慧餐台提供自助选菜、自动识别、主动结算服务。只要完成"人脸识别"建档,老年人即可在杭州市安装智慧餐台的老年食堂实现"刷脸吃饭"。

三、成 效

(一)老年人受益

以大数据应用实现养老服务补贴给付"一证通办",智慧养老服务终端申领"最多跑一次"和高龄津贴发放"零次跑"。养老服务商城汇聚了杭州养老服务资源,为老年人提供"点菜式"就近便捷的养老服务。截至 2020 年底,入驻为老服务商家 259 家,提供助洁、助餐、助浴、代办、康复等 53 项服务。5276 名互联网养老护理员可在线接单,累计提供养老服务 205.77 万单,日均 4243 单。16.37 万老年人开通了养老服务专户,累计发放 14314.1 万重阳分,服务结算 9384.23 万重阳分。智慧呼叫系统开展紧急救助 1120 次,针对孤寡、独居老年人主动关怀 187.06 万次,回访满意率达 96％以上。智慧餐台助力老年人无接触取餐,老年人可在安装智慧餐台的老年食堂实现"刷脸吃饭"。

(二)机构、企业受益

全国首创由系统后台对服务员上岗和老年人下单进行健康码线上查验,2020 年初在浙江省范围内率先恢复居家养老上门服务。同时,由于市民卡与健康码"卡码合一",200 多家养老服务机构配置了市民卡读卡器,老年人只需刷卡便可实时读取健康码,解决了机构无法核实无智能手机的老年人健康码的难题。

(三)形成可复制可推广的经验

国务院秘书三局专题调研了杭州智慧养老相关工作并给予了充分肯定。民政部养老服务司和浙江省委主要领导对杭州智慧养老的做法做了批示肯定。《民政部简报》对杭州模式进行全国推广,"互联网＋养老"获评 2020 年国家营商环境典型案例。智慧健康养老、人工智能养老等改革试点工作两次列入杭州市重点改革"红榜"。来自北京、上海、广州、南京、武汉等地 20 余批人员考察学习,借鉴杭州模式。

四、启 示

(一)场景开发和应用面临的挑战

1. 个人信息使用和隐私保护的矛盾

城市大脑以及信息化技术的发展离不开对用户数据的分析和使用,收集到的老年人信息越详细,场景的设计越精准,应用越能贴近老年人的实际需求。但在场景的实际推进中,部分数据涉及隐私问题,如老年人的户籍信息、体检数据等,数据难以获取或者无法持续更新数据,造成场景的开发具有局限性。

2. 智能硬件缺乏统一的接入标准

信息化技术的落地,依赖于一个个独立的智能硬件。由于智能硬件的数据接口没有一个通用、规范的数据传输标准框架,各设备相对独立,整合到一个平台使用时,只能选择为该设备单独开发接口或者请设备厂家定制,造成重复建设,浪费时间和资源。

3. 信息化技术与养老产业用户、从业者之间的矛盾

信息化最终的目的是普惠大众,但在养老领域,瓶颈较为明显,一是老年人的技术知识储备较为薄弱;二是养老产业从业人员普遍受教育程度较低,接受新生事物较慢;三是部分信息化技术在落地时功能太多、太复杂,操作困难,推广和使用均有困难。

(二)对未来发展的展望

1. 智能应用实用化

智能应用未来需打造更加适合老年人"无感化"的智能养老应用场景,将信息化发展的红利遍及老龄化群体。

2. 智能应用信用化

强化智能应用领域的信用建设,在智能应用领域构建完善的信用信息

传递、信用产品提供、失信惩戒等机制，为智能应用发展营造良好的信用环境

3. 智能应用开放化

未来信息化发展需更加注重开放共享，利用各类网络平台，促进数据、资源、能力等开放共享，实现赋能共赢。交通、旅游、医疗、卫生、教育、文化等重点领域数据资源的开发利用将更加广泛和深入地支撑信息化、智慧养老的发展和治理。

4. 智能应用安全化

未来信息化发展需要更加注重发展的安全可靠性，建立涵盖产业供给、信息网络、平台等全环节、全链条、全生命周期的安全保障体系，确保信息化的高速、良性发展。

（资料来源：杭州市民政局）

案例点评：

"互联网＋养老"服务平台适应社会广泛迫切需求，充分依托已有的线下服务系统和制度规范，积极利用新一代信息技术，整合线上线下资源，大力促进上下左右的数据交换、信息共享，打造线上快速响应、线下良性互动、全程留痕监管的智慧化养老模式，推出移动端专属页面，提供点单式就近便捷服务，开通电子化支付，实现养老服务事项网上办、就近办，并为高龄、失能老年人提供紧急呼叫终端，有效解决了为老服务"最后一公里"难题，提高了服务效能，提供了多样化的服务供给，还开通了咨询热线解决"不会用"难题。这对适应快速老龄化和少子化的严峻形势，建设老龄友好型社会，发展潜力巨大的"银色经济"，都具有极其重要的作用。

建议加快服务对象全覆盖的步伐；增加紧急呼叫终端和可穿戴设备对高危老年人健康数据的监测功能；针对大多数老年人习惯电视大屏幕的特点，与广电、通信服务商合作推广电视端养老服务专属页面，制作演示动画，实现遥控器点单呼叫一键直达。在线下加强对数字困难群体的志愿者服务，落实责任。加快养老服务智能硬件包括传感设备接入标准的制定和

实施，建立智能设备维护体系，保障智能养老服务的可拓展可持续。

蓝蔚青

浙大城市学院城市大脑研究院、浙江省城市治理研究中心、浙江省公共政策研究院

"安心培训"场景

一、背 景

我国正处在社会经济高速发展的阶段,人们的生活水平不断提高,人民追求美好教育的愿望与日俱增,校外培训机构应运而生。校外培训机构在学校教育的基础上,为越来越多的学生提供了更为丰富的教育。对于许多家庭来说,参加校外培训是对教育的拓展,也是有益补充,然而这一切的前提是校外培训机构规范化,只有规范化的校外培训活动才能实现美好教育的初衷。按照中办、国办《关于进一步减轻义务教育阶段学生作业负担和校外培训负担的意见》,浙江省对辖区内义务教育阶段校外培训机构按学科类和非学科类进行分类排查统计,并及时录入浙江省教育政务服务网民办学校审批平台,严禁非学科类培训机构从事学科类培训,校外培训机构不得占用国家法定节假日、休息日及寒暑假期组织学科类培训。

2020年底,杭州市教育行政部门许可的校外培训机构有1600余家。校外培训机构数量日益增多,学生培训需求日益增长,但一部分校外培训机构存在这样或者那样的问题:虚假宣传、无办学资质、假名师、乱收费、加重学生负担、卷款跑路等,这已经成为社会广泛关注的热点难点问题。经过政府相关部门多轮整治,校外培训管理仍亟待加强。

作为培训学员和家长,面对铺天盖地、五花八门的校外培训机构培训广告,要分清其中优劣需要花费巨大的精力,基本就是凭经验或者口碑来选择校外培训机构,无法及时获取到校外培训机构相关的来自政府相关主管部门的最新权威信息,校外培训机构透明度有待加强。

教育作为民众最关切的事项之一,关系千家万户。在城市大脑驱动下，教育部门为深入数字化实践，实施数据教育战略。为建设人民满意的"美好教育"，特别针对校外培训机构违规办学、超范围培训、卷款跑路等社会民生的热点问题，落实高效治理和管理，切实维护校外培训机构和学员的合法权益，共建共享学校教育与校外培训的良好生态，促进青少年健康成长，杭州市教育行政部门基于城市大脑推出"安心培训"应用场景。

二、举 措

"安心培训"围绕群众关注的教育热点问题，为解决好校外培训这件"关键小事"，基本建成可信任的校外培训服务平台，打造基础信息全面公开、办学过程监督、办学服务稳步提升的校外培训良好生态，促进杭州市1600余家校外培训机构良性发展，真正实现老百姓"安心培训"（见图1）。

图1 "安心培训"界面展示

（一）数据协同，绘制"安心培训"服务图

广泛集成教育系统内部数据、校外培训机构数据及市场监管、民政、发改、金融等部门的数据，汇集办学许可证、营业执照（民非登记信息）、信用、资金、课程、师资等数据，完善校外培训机构数据画像。

以地图形式，展示杭州市1600余家校外培训机构。家长可以通过电脑端、移动端实时查阅杭州市官方发布的校外培训机构，可以根据地理位置、学科、学段、年级、培训内容等查询适合的校外培训机构；同时支持一键导航,方便家长查看前往路线。

(二)流程再造,机构服务跑零次

"安心培训"可为校外培训机构行政审批、年检、课程审核备案、教师资格核查等提供指引或线上服务通道。

1. 便捷审批

第一,将"安心培训"账号体系与浙江政务服务网认证体系打通,可直接使用浙江政务服务网法人账号登录,简化账号管理。第二,为校外培训机构各类审批和年检提供办事指南,提供在线办理快捷入口,实现校外培训机构各类审批便捷办理。

2. 教师资格核查

建立教师资格核查功能。通过教师管理,校外培训机构可进一步完善师资信息,包括毕业学校、学历、专业等。在申报教师界面,校外培训机构要填写或上传教师的姓名、身份证号、教师资格证号,平台将自动核验该教师的教学资质,核验是否为在职教师或存在其他不允许任教的情况。核验通过的相关教师信息在教育行政部门审批后统一展示在"安心培训"场景。

3. 课程审核备案

建立课程审核备案功能。通过课程管理,校外培训机构可进一步完善课程信息,包括课程内容、时间、教师、周期等,建成校外培训机构大课表,相关课程信息通过教育行政部门审批后统一展示在"安心培训"场景。

(三)智能分析,高效预警研判

各区、县(市)管理员可查看本周、本月、本年的办件量、办结量及办结率,实时统计处理管辖范围内的校外培训机构审批、教学点管理、课程申报、教师核查等情况。

从信用体系、资金监管、日常运行等维度,建立校外培训机构智能监管模型,实时展示各校外培训机构运行指数,按相关标准发布风险预警,实现校外培训机构监管实时化、可视化、智能化和精准化。

1. 资金预警

按照《杭州市教育局等六部门关于加强校外培训机构资金监管的通

知》(杭教职成〔2020〕2号)的要求,根据校外培训机构资金专户最低余额和资金提取规则,发布风险预警。当校外培训机构资金专户留存最低余额不足或当日(一周)累计提取资金超过规定限额时,会向教育主管部门发出风险预警。

2. 信用预警

按照《浙江省校外培训行业信用评价管理办法(试行)(征求意见稿)》的要求,根据浙江省教育厅对校外培训行业的信用评价机制,结合浙江省信用数据,定期开展校外培训机构信用评分,将校外培训机构行业信用分为 A(优秀)、B(良好)、C(中等)、D(较差)、E(差)五个等级,按照行业信用评价等级进行风险排查,实现高效治理。

三、成 效

(一)便民服务

"安心培训"旨在为学员提供高质量、安心、便捷的培训服务,致力于校内校外协同促进学生全面可持续健康成长。通过电脑端、移动端集成安心查等便民服务功能,实现了教育主管部门、校外培训机构、学员之间的有效连接,有助于校外培训机构在规范有序竞争的同时提供更好的学习产品,有助于广大学员安心参与校外培训,建成杭州市校外培训服务的"大众点评",真正方便市民,建成老百姓心目中满意的"安心培训"。

(二)惠企服务

"安心培训"优化和再造了服务流程,提供了校外培训机构行政审批、课程备案审核、教师资格核查等网上全流程服务,转变了校外培训机构的服务方式和方法,大幅提高了线上数据化监管比例,提高了工作效率,降低了执行成本。让数据多跑路,让企业少跑路,深化"最多跑一次"改革,真正实现了惠企直达。

(三)管理服务

"安心培训"加强部门数据协同,以信用、资金数据为基础,构建了一套校外培训机构智能监管模型,为教育主管部门及时、精准提供了校外培训机构动态信息。"安心培训"大幅提升了管理校外培训机构时的数据汇聚与共享、数据综合分析、信用异常预警、资金异常预警等能力,有效提高了杭州教育信息化水平,提高了全市教育管理工作的科学化、精准化、智能化水平,真正实现了高效管理。

四、启示

建设"安心培训"场景,通过公共数据的集中存放和使用,提升了市级教育部门对杭州市数据的汇聚和分析能力,拓展了全市大数据利用的广度和深度。利用现今的信息化管理手段,基于教育行政部门、其他部门的数据,统筹信息化建设,减少项目重复建设和投入,保证系统建设连续性,有助于减少信息化的重复投入和无序建设。

建设"安心培训"场景,进一步规范了杭州市校外培训机构的办学行为,维护了校外培训机构和学员的合法权益。"安心培训"为学员提供了更优质的校外学习环境,提升了校外培训的透明度、便利度,提升了广大学员的获得感,提高了杭州市教育公共服务的标准化、智能化、便捷化水平,提高了工作效率以及对外服务水平,从而提高了教育管理成效,规范了办学行为,维护了受教育者合法权益,进一步增强了公平公开性,促进社会和谐,共建共享学校教育与校外培训的良好生态。

"安心培训"场景任务复杂,在区、县(市)征求意见过程中,发现校外培训机构的报名、缴费、满意度评价等全流程服务功能的实现涉及面广、不可控因素多,因此,计划开展试点校外培训机构报名、缴费工作,以及试点校外培训机构学员满意度评价的便民服务工作。

继续推广学员服务和机构服务。总结经验,优化校外培训机构课程备案审核、教师资格核查、资金监管、教学点管理、行政审批等服务流程,完善功能模块,健全"安心培训"项目功能,使校外培训机构使用率达到60%以上。

(资料来源:杭州市教育局)

案例点评：

"安心培训"是杭州城市大脑教育系统的特色应用场景，其建构设想源于退费难、培训机构卷钱跑路等现实热点、难点问题。通过数据协同、流程再造、大数据分析等方式，搭建了可信任的校外培训服务平台，打造了基础信息全面公开、办学过程智能监管、服务质量稳步提升的教育培训良好生态。可以说，"安心培训"场景的探索，是教育行业服务再提质的有益创新，也是维护人民群众切身利益的创造性举措，值得肯定和期待。

然而，在"双减"政策背景下，教育培训行业还面临诸如非学科类校外培训机构主体数量多、培训项目多、虚假宣传、价格欺诈、缺乏资质等实际问题，相关部门应站在更高层面，进一步加强顶层设计，从严审批、从严监管校外培训机构，坚决查处违法违规行为，促进教育培训市场健康有序发展。同时，教育培训市场涉及学生、家长、企业多方信息，应注意信息保护，降低信息泄露风险，切实保护好消费者合法权益，有效提升人民群众的幸福感、获得感。

郁全胜

浙大城市学院城市大脑研究院、浙大城市学院幸福城市研究院

"便民车检"场景

一、背 景

2020年,杭州市机动车年检测能力近150万辆(次),虽然能满足全年120余万辆(次)的检测需求,但由于检测资源利用不平衡、车主信息不对称,部分热门站点热门时段出现车辆排长队检测的情况,大量等待检测的机动车在排队时造成了局部集中尾气排放(经测算,排队候检时每辆车每分钟排放尾气约8克)。

针对上述车辆检测排长队、怠速尾气排放高的问题,根据2020年杭州城市大脑建设的要求,杭州市生态环境局以解决痛点、难点问题为抓手,以提升公众服务能力为目标,建设城市大脑"便民车检"场景,为参加排放检验的车主提供智能错峰检测引导,提高检测资源利用率,提供超标车辆维修引导服务,提升检测行业服务水平。前期,机动车排放检验远程审查、检验与维修闭环管理、机动车扫码检验等业务工作的开展,为杭州在城市治理和便民服务方面奠定了基础。

二、举 措

杭州市生态环境局借助杭州市城市大脑建设"便民车检"场景,为车主提供智能错峰检测引导,提高检测资源利用率,减少候检车辆排长队现象,降低怠速尾气排放。

(一)多源数据融合

协同交通、交警、高德地图等多方业务数据,借助城市大脑算力支持,为车主提供服务。2020年底，"便民车检"场景已接入杭州市41家机动车排放检测站和169家经交通部门认证的维修站，建立了便民车检业务管理平台，并与杭州市机动车管理系统、便民服务端、市交通运输局车辆维修电子健康档案完成对接。

（二）丰富平台功能

建立智慧化车检引导平台来调配检测资源，推出了检测站忙闲情况和站点详情查阅、检测方案智能推荐、车辆检测/维修预约、OBD（车载自诊断系统）在线接入车辆免于上线排放检验以及星级评定等服务，并通过再造业务流程，选取部分条件较好的检测站试点推出检测全流程智能导办、交钥匙服务等功能。平台提供多服务入口（包括电脑、电视、自助服务终端和手机），方便车主访问。

（三）助推行业管理

引导行业协会与第三方企业合作，建立网上中介服务市场，由协会组织代办人员培训等，要求代办人员持证上岗，并实施黑名单制度，建立惩戒、退出机制。同时，基于"便民车检"提供增值服务入口，车主可通过"便民车检"对检验机构、代办人员开展星级评定，通过市场化规则约束检验机构和代办人员，进一步提升行业服务水平。

2020年起，围绕提升车主服务体验持续深化场景，推出了一系列"惠民"举措。

1. 排队不排车

改变原有逐车排队的模式，车主通过在线预约或到站扫码可自动获取候检序号，到试点检测站体验到站泊位停车、交钥匙服务。车辆按序检测，排号不排车。

2. 流程掌上知

打通环检、安检、维修等环节的数据，提供车辆检测—维修全流程进度跟踪，车主可实时掌握检测、维修进度。

3. 实现业务一窗办

联合公安交管部门推出业务一窗办，打通站内各个业务环节的信息，使所有业务办理内部流转,实现车主一窗办理所有业务。

(四)车辆云检测

针对 7.9 万余辆 OBD 在线接入的重型柴油车,推出免检措施,截至 2020 年底,免检 2 万余台,进一步释放了检测资源。

此外,杭州市生态环境局通过强化"六大保障",扎实推进城市大脑"便民车检"场景建设,确保场景建设工作落到实处:一是强化组织,抽调相关业务处室成立"便民车检"场景建设推进工作专班。二是强化协同,协同市交警部门落实场景车辆数据共享工作;就统一车检服务入口制定整合方案;协同市交通部门,扩大超标车辆维修站点覆盖范围。三是加快建设,建成"便民车检"业务管理平台以及便民服务移动端。四是完善部署,进一步现场核准排队车辆算法;统一服务标准,完善现场流程。五是加强服务指导,召开工作会议;逐站现场指导。六是组织培训,目前检验机构、维修机构、中介代办服务培训 3.3 万人次。

三、成 效

"便民车检"场景集信息服务、业务导办、中介市场服务等功能于一体,为杭州市车主提供智慧化车检引导服务,推出了一系列便民、惠民举措,并指导行业协会通过市场化手段规范行业行为,解决了车辆检测"排队长、流程繁、服务差、秩序乱、维修难"等问题,提升了群众服务体验感,同时辅助管理部门进一步规范了检测市场秩序。"便民车检"场景从 2019 年 7 月起正式投运,至 2020 年底,服务率从 5% 提升到 65.96%;单车平均等待时间从 65 分钟下降到 50 分钟;单车候检怠速污染排放量从 520 克下降到 320克,累计便民引导服务量达 83.1 万余辆次,累计减少候检怠速污染物排放约 891.6 吨,空闲检测资源调配初见成效。

此外,杭州城市大脑"便民车检"场景被《中国环境报》《杭州日报》《钱江晚报》等多家媒体报道;在 2020 年 10 月举行的第三届数字中国建设峰会上,"杭州城市大脑生态环境局数字驾驶舱及便民车检应用场景"入选全国 20 个优秀数字生态应用案例。

未来，杭州市生态环境局将依托城市大脑，持续推进生态文明建设数字化和智慧化，进一步提升便民服务能力：一是继续深化服务，夯实前期工作基础，深化"便民车检"场景的应用。二是从"便民"到"惠民"，在现行重型柴油车 OBD 在线接入免检政策基础上，探索将 OBD 免检对象扩大至轻型柴油车，进一步释放检测资源。三是争口碑促提升，完善星级评定制度，提升工作效率和行业服务质量。

（资料来源：杭州市生态环境局）

案例点评：

数字政府是适应于信息社会的新型政府治理形态和国家治理方式，建设数字政府是贯彻落实十九届四中全会精神、推进国家治理体系和治理能力现代化的重要举措和必由之路。

"以政务服务为牵引推进政府数字化转型"是浙江政府数字化转型，创新政府治理和服务模式的重要方向，也是在坚定践行"把满足人民对美好生活的向往作为数字政府建设的出发点和落脚点，打造泛在可及、智慧便捷、公平普惠的数字化服务体系，让百姓少跑腿、数据多跑路"。

"便民车检"场景，很好地体现了"数智"赋能的理念。借助杭州城市大脑，"便民车检"场景融合了生态环境、公安交管、交通运输等多方检验业务数据和能力，结合高德地图的服务，简化车检流程，让数据跑起来，让管理扁平化、透明化，有效缩减了车检等待时间，提高了车检的服务质量，降低了怠速尾气排放。

"便民车检"场景，很好地体现了"以人民为中心"的理念。在"互联网之都"的杭州，用户至上，围绕用户的需求不断调整策略，为用户提供更便捷、更高质量服务的用户思维根深蒂固。"便民车检"场景，不仅实现了"在线服务化""多服务入口""业务一窗办""检测全流程智能导办""交钥匙服务""OBD 云检"等贴心功能和服务，车主还可以对检验机构、代办人员开展星级评定，通过市场化规则约束检验机构和代办人员，进一步提升行业服务水平。

这是一个非常具有"互联网之都"特色的政府数字化建设的应用案例，"便民车检"场景围绕数智赋能和"以人民为中心"理念，还在持续优化和迭代升级。同时，由于该场景涉及诸多部门和企业的数据与能力"横跨"，我们也需要注意数据安全和网络安全保护能力建设，避免网络安全事件导致场景停摆，或数据泄露导致用户隐私泄露等问题。

顾杨丽

浙大城市学院城市大脑研究院、浙大城市学院传媒与人文学院

"防汛防台应急联动"场景

一、背 景

我国应急管理模式已从垂直管理、条线过多、划分过细的格局向提升"大安全、大应急、大减灾"政府应急整体能力与综合效果转变,新成立的杭州市应急管理局整合了安全生产、应急管理、消防管理、救灾减灾、地质灾害防治、水旱灾害防治、森林防火等职责,担负起市政府防汛抗旱、森林消防、防震减灾、城区防汛防台、城区抗雪防冻等指挥部的任务。由于缺乏统一的指挥平台,杭州市有关部门和单位21个专业的业务平台之间数据尚未实现互联互通,各专业业务平台建在不同的网络环境,应急数据源头丰富、体量巨大且制式不同,呈碎片化,信息孤岛、数据烟囱问题仍旧存在,应急数据资源共享需求迫切。处置突发事件时,无论是市应急指挥平台还是各专业业务平台,均只能担负监测预警、启动响应、决策指挥、应急处置、结束响应和善后处置全流程的部分功能,不能形成应急业务工作流程的闭环管理,严重影响应急处置的效能。

为此,建设一个市级应急指挥平台非常有必要,为贯彻落实习近平总书记的重要讲话精神,在工作任务重、要求高、人手少的情况下,杭州市应急管理局牢固树立以人民为中心的发展思想,围绕市委、市政府的决策部署,调整工作思路,创新工作模式,把机构职责调整同健全完善制度机制和工作流程有机统一起来,把狠抓应急系统智慧化建设作为发生"化学反应"的一个重要推手,抓住杭州市城市大脑建设的契机,加强顶层设计,强化应急应用,利用城市大脑的互联互通及强大计算能力的优势,建设有杭州特色的综合应急管理体系。将综合应急管理作为城市大脑的超级应用专题,有利于杭州市相关部门应急联动,有利于城市大脑的全局发展,为杭州的人民生命、财产安全提供有效保障。

二、举措

杭州市应急管理局通过全面梳理杭州市应急管理的业务需求和功能需求,以"注重实效、贴近实际、服务实战"为原则,结合城市大脑总框架,以"大安全、大应急、大减灾"为建设理念,以"风险看得见、隐患管得住、灾害救得好"为建设方针,在现有工作基础上,加强顶层设计,再造工作流程,统筹谋划,稳步推进杭州城市大脑应急系统的建设,力求做到数据共享、资源集约、沟通畅达,形成统一指挥、反应灵敏、上下联动、处置高效、具备杭州特色的一体化应急指挥平台。

(一)强化顶层设计

杭州城市大脑应急系统,依据城市大脑的总体规划,结合应急管理部的要求,按照"四层两翼"的结构设计。"四层"依次为应急指挥中心和感知层、数据层、应用支撑层、应用层,涵盖八大重点领域的"1+8"个专题应用场景;"两翼"指要遵循的标准规范体系和必要的安全与运维保障体系。

(二)强化数据归集

把数据工程作为应急指挥平台基础性工程来抓,深化部门线上线下"双线"联动,树立数据共建共享理念,统一各部门数据标准、口径、制式,确保数据归集整合路径畅通。通过城市大脑提供的信息通道和桥梁,打通各专业部门综合管理平台的接口,整合分布在各部门的各类数据资源信息,按照不同主题和维度进行数据整合,全面覆盖应急业务数据、感知数据、政务数据、行业单位数据、企业数据、互联网数据等各种类型数据,为应急管理领域的态势展示、分析研判、预测预警和辅助决策等算法分析层提供数据支撑。以杭州城市大脑应急系统"防汛防台应急联动"场景为例,运用大数据、云计算、监测预警等技术,整合了大量分散在各部门的行业数据,汇聚了全市 1168 个雨量站，656 个水位站，18 座大中型水库，1131 处地质灾害风险，1600 余处山洪灾害风险，159 个城区桥涵隧道、低洼地带积水点，614 支救援队伍，443 个物资储备库，2463 个避灾点等数据，绘制"多层级数据叠加、多方位监测预警、多维度综合研判"的风险分析一张图。

（三）强化决策支撑

基于部门业务数据、感知数据、视频数据等，自动关联预案，自动启动响应等级提醒，自动生成风险识别一张图，自动识别附近避灾点和逃生路线，提升了信息系统的辅助决策支持功能，在突发事件发生时进行合理的资源调度，为突发事件应急处置提供了决策分析支撑。依托自动监测预警模型，绘制杭州市防汛防台立体一张图，实现重点区域雨量、水库水位、河道水位实时智能化监测预警，并提供防汛防台和地质灾害监测预警数据、分析结论，供多部门常态下实时共享，非常态下辅助决策、应急救援。根据预先设定的预案响应标准，应急系统触发预案启用提醒时会依据实时监测数据自动匹配，提示启用几级响应。市防洪抗旱指挥部启动与预案等级相对应的应急响应。启动响应后，市防指根据系统数据分析做出辅助决策、生成处置方案、推动部门联动、发布灾情动态信息。提前预知城区内救援资源的分布情况，以便在应急救援时就近调度，及时响应。应急救援的资源主要包括：救援队伍、物资储备点及相应的物资装备的类型和储量。通过统计分析，找到救援资源分布相对薄弱的点，方便有关部门采取针对性的准备措施。自动生成预警信息、雨情信息、水情信息以及气象信息的汛情摘要；对汛期各类基础性的水库蓄水率、水情快报、流域面量统计、城市河道水位等数据进行统计汇总；对杭州市范围内的地质灾害隐患点数据进行清点盘查；对各地处置救援数据进行统计汇总。

三、成 效

杭州城市大脑"防汛防台应急联动"场景在 2019 年抗击"利奇马"超强台风和 2020 年梅汛期新安江九孔泄洪超标准防御期间，发挥了至关重要的作用。杭州市委、市政府高度重视防汛抗洪救灾工作,市领导多次到指挥中心召开专题会议研究部署推动工作,借助指挥系统统筹指挥防汛抗洪救灾工作,通过应急指挥平台了解全市水情发展态势,实时关注水雨情监测信息,运用云计算技术汇总各流域面雨量数据;通过大中型水库和重要河道超警戒、超保证水位的风险预警,结合系统集成的视频监控资源,为新安江、富春江、分水江等水库的安全调度、精准防控提供了硬核决策支撑,对沿线大桥、河堤安全监测实现全方面管控。

四、启 示

杭州城市大脑"防汛防台应急联动"场景的建设,惠及全市人民。通过预防和应对自然灾害事件,减少突发事件造成的损失,强化对杭州市人民生命及财产的保障,提高城市安全,提升城市管理智慧化、服务人性化、应急快速化、决策科学化水平,打造更为宜居、和谐的智慧杭州。

梅雨和台风防御实战中,借助杭州城市大脑"防汛防台应急联动"场景指挥平台,及时掌握各地汛情险情动态,及时指挥调度各地防汛工作,运用全媒体预警发布系统,在电视台、应急广播、微博、抖音、公共场所显示屏等滚动发布各类预警和防御信息。"防汛防台应急联动"场景有效助力防汛防台工作,得到杭州市委、市政府领导的充分肯定。

对2020年整个梅汛期工作进行全面复盘和梳理发现,还存在流域性洪水防御形势严峻、小流域山洪和地质灾害防御难度大、城市内涝短板明显、防汛防台科学统筹机制不够完善、数字赋能智慧防汛建设薄弱等问题。为进一步提高防汛治理能力,还需要健全防汛防台体制、加强监测预警预报、落实风险隐患排查、完善应急物资储备和调配、提升减灾救灾能力等。

健全防汛防台体制。建立"防抗救"一体化防灾减灾救灾体制,发挥防灾减灾救灾体制改革优势,加快形成省市间、市县间、部门间、上下游、左右岸通力协作的防汛救灾新格局。

加强监测预警预报。加快提升气象监测预警能力,加强建立流域上下游跨区域会商机制;推进暴雨高风险区气象自动监测站点布设,实现高风险区全覆盖；完善智能网格预报业务，提高气象流域面雨量预报能力，提升极端强降水天气精细化预报能力。

落实风险隐患排查。开展小流域山洪灾害风险识别，实现洪涝灾害防御范围全覆盖；加强干堤巡堤查险，加大对山塘水库尤其是病险山塘水库的巡查力度。加强对地质灾害高中风险区的巡查排查，严防局地强对流天气引发的小流域山洪和地质灾害，实现日常巡防巡查信息化管控，完善地质灾害风险区人员转移标准。

完善应急物资储备和调配。建立完善杭州市统一的应急物资储备体系，制定杭州市应急物资储备体系建设的相关政策；完善优化应急物资储备和布局，制定应急装备配备标准。

提升减灾救灾能力。加快避灾安置场所规范化和应急物资储备建设，在现有避灾安置场所的基础上，推进扩面、提质，优化县、乡、村三级避灾安置场所布点；修订避灾安置场所建设与管理规范标准。

（资料来源：杭州市应急管理局）

案例点评：

杭州市应急管理局通过全面梳理杭州市应急管理的业务需求和功能需求，并结合杭州市城市大脑建设，对市级一体化应急指挥平台做出了规划。该规划内容全面，能够提升政府应急整体能力和综合效果、提升城市管理智慧化水平。针对该案例有以下几个建议和期望：

（1）期待随时间延伸成效依然保持。

（2）关于辅助决策和处置方案，可对历史决策和处置方案进行分析汇总，经专家确认后形成专家库，基于推荐算法对不同情况的数据生成参考决策和处置方案。

（3）关于风险隐患排查，之后可对已有风险隐患文本的链路进行预测分析，挖掘不同风险隐患关键词之间的关联，实现对潜在风险隐患进行预警，达到高效安全管控。

马汉杰
浙大城市学院城市大脑研究院、浙江理工大学

"城市安全"场景

一、背 景

为有效应对当前我国大型城市各类事故隐患和安全风险交织叠加、易发多发，影响公共安全的因素日益增多的现实危机，深入贯彻落实习近平总书记关于加强风险评估和监测预警，加强对重点行业领域安全风险的排查，提升多灾种和灾害链综合监测、风险早期识别和预报预警能力的重要指示精神，争创国家安全发展示范城市，提升城市公共安全管理水平，聚焦建设施工、地铁建设运营、交通运输、消防安全、危化矿山、特种设备、商贸旅游、城市运行等八大重点领域，着力构建了集综合性、全方位、系统化、现代化于一体的杭州城市安全保障体系，有效防范重特大安全运行事故的发生。

为了全方位构建城市安全风险防控体系，持续深入推进事故隐患闭环治理，夯实城市运行安全基础，推动国家安全发展示范城市创建，杭州市应急管理局以八大重点领域安全运行管理为出发点，充分依托各级、各行业海量数据资源，构建杭州市"城市安全"场景，深入挖掘安全业务数据的价值，提升耦合关联分析能力，破除城市安全业务数据孤岛、风险隐患底数不明、重点场景精细化监管能力不足等现实难题，达到"事前科学评估、事中实时监控、事后高效处置"的建设效果，为推动建立科学、规范、系统、动态的城市公共安全管理与风险主动防控长效机制以及"统一高效、指挥可靠、快速协同"的综合应急协同处置新模式提供了科技支撑。

二、举 措

（一）建设思路

城市安全运行是一个庞大的系统工程，涉及城市管理的各个领域，背后是海量的存储数据。以建设施工、地铁建设运营、交通运输、消防安全、危化矿山、特种设备、商贸旅游、城市运行八大重点领域为出发点，依托完善的城市公共安全理论以及专业数据分析技术，从海量数据中获取关键信息，构建各行业、各领域安全应用场景，全面科学地展示杭州城市安全管理现状，创新城市公共安全管理机制和工作模式，为城市管理者更加清晰掌握安全运行底数、风险隐患现状、实时报警预警信息以及应急处置信息，高效科学开展公共安全治理工作提供了辅助决策支持，有力推动了杭州城市公共安全管理水平迈上新的台阶。

按照分步建设、逐步完善的建设原则，在第一期项目中，重点在地铁安全（主要围绕地铁施工安全管控）、消防火灾安全专题进行建设，在对现有数据资源进行整合、展示的基础上，提高安全管理单位在地铁施工安全、消防火灾安全方面的精细化管理水平。除上述建设内容外，完成对城市运行、建设施工、交通运输、商贸旅游、危化矿山、特种设备六大领域现有信息化数据（基础数据、风险数据、视频监控动态信息等）的集成汇聚工作，展示相关领域关键参数信息，满足城市公共安全管理机构及人员对其安全运行态势宏观掌控的业务需求。

（二）总体架构

"城市安全"场景建设中充分利用现有资源，依托杭州市现有的应急指挥中心，在杭州市电子政务云上进行部署。"城市安全"场景按照"四层两翼"的结构设计，四层依次为应急指挥中心和感知层、数据层、应用支撑层、应用层，涵盖八大重点领域的"1＋8"个专题应用场景；"两翼"指要遵循的标准规范体系和必要的安全与运行保障体系，系统架构如图1所示。

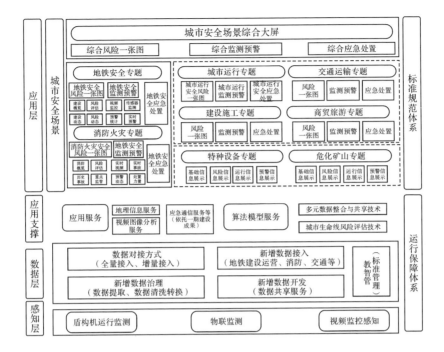

图1 "城市安全"场景架构

(三)场景应用

1. 综合大屏

综合大屏由风险一张图、监测预警与应急处置功能组成。该场景能够汇聚"城市安全"场景八大重点领域的基础信息、区域风险信息、报警信息、隐患整治成效数据等,条理清晰、有重点、有目的地提供当前城市安全运行总体态势信息,宏观呈现城市安全运行风险现状,提高公共安全管控工作的效率。场景以高精度地理信息服务平台为基础支撑,汇聚燃气、供排水管网、市政桥梁等城市基础设施静态基础信息,视频监控、传感器数据等动态运行信息,风险源等安全运行态势信息,应急资源台账信息等多源数据,为城市安全管理者直观了解城市安全底数及动态信息,及时甄别安全运行异常情况,精准掌握事故地周边环境,科学高效开展应急指挥调度工作提供技术支撑。

2. 专题应用

按照"底数清、风险清、动态清，能监测、能预警、能处置"的建设思想，重点进行地铁施工建设安全管控、消防火灾安全管控两大应用场景建设，建立涵盖数据概览、风险评估、监测预警、处置监管的全链条管控体系，依托专业分析技术，对盾构机掘进风险、消防异常监测等情况进行及时预警提示；对重特大预警报警事件，建立闭环处置机制，切实提高事前管控能力，有力保障城市安全、平稳、健康运行。各专题应用也由风险一张图、监测预警、应急处置三部分功能组成。

按照风险一张图、监测预警、应急处置的总体设计思路，优先整合城市运行、建设施工、交通运输、商贸旅游、特种设备、危化矿山等领域的安全业务数据资源；后续建设中，不断丰富、深化各领域的安全运行应用场景，为提高城市公共安全管理水平提供必要支持。

三、成 效

杭州市应急管理局"城市安全"场景，聚焦城市安全运行八大重点领域，采集 6 万余处城市安全运行风险单元信息，形成了区域和行业多维度、多层次风险四色图，为实现风险隐患底数清提供了技术支撑；汇聚 12 个职能部门 235 张数据库表，1.25 亿业务数据量，破除了行业数据壁垒，初步实现了安全动态情况明的建设效果；按照"能监测、能预警、能处置"的风险闭环管控思路，构建了"三层两级""中轴线"业务模型(见图 2)，科学研判交叉领域耦合风险、实时准确定位事故信息、高效合理进行应急处置，从而达到风险隐患早期识别并及时有效闭环管控的建设目的，为提高杭州城市公共安全管理水平，推进"韧性城市""安全发展示范城市"建设，推进城市治理能力现代化提供了科技支撑。

"城市安全"场景能够为行业主管单位提供城市安全运行信息化、科学化支撑服务，指导杭州市安全业务相关工作开展，满足用户对安全基础信息管理、风险隐患信息管控、安全运行动态监管及事故高效应急处置的需求，有效管控和避免重特大安全运行事故发生。对于从各业务主管单位获

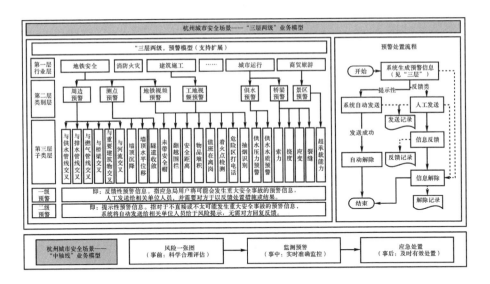

图 2 "城市安全"场景"三层两级"业务模型

取的基础数据信息、行业风险信息、实时运行信息以及从数据交换共享平台——城市大脑所获取的相关数据资源,经过综合研判分析、辅助决策分析后,反馈、共享给各业务单位,为高效精准地开展风险隐患精细化管控、安全事故应急处置工作提供辅助决策参考。"城市安全"场景能够面向社会公众,提供应急避险疏散服务,为相关人员指引公众前往最近的避难场所,提高避险疏散效率提供技术支撑。

"城市安全"场景是深入贯彻落实习近平总书记关于加强城市运行安全管理,增强安全风险意识指示的重大举措,是保障人民生命财产安全的迫切需要,对推动城市治理体系与治理能力现代化的杭州实践,建成智慧安全杭州,提高人民群众安全感、幸福感,保障经济社会长治久安具有重大意义。

四、启 示

(一)以"城市安全"场景建设提高城市公共安全精细化治理水平

"城市安全"场景依托杭州相关单位的海量信息资源、专业理论及数据分析技术,深入挖掘数据价值,分析耦合关系,剖析事件链内在关联,逐步构建完善各行业、各领域的安全应用场景;在应对已有系统覆盖面小、指标参数庞杂、底数不明、精细化监管能力不足等问题上进行了积极探索,为破除城市安全运行管理难题,促进城市公共安全管理精细化水平不断提高提供了新思路。

(二)提升各行业领域风险主动防控能力,建立公共安全风险防控长效机制

"城市安全"场景建设,旨在建立集风险评估、监测预警、应急处置于一体的全链条闭环处置流程,实现城市安全状态的快速感知、精准预测、高效应对和科学监管,提高城市重特大安全运行事故的事前、事中、事后管控能力,促使城市安全管理模式逐步从被动应对向主动保障、从事后处理向事前预防、从静态孤立监管向动态连续防控转变,为推动城市安全运行提供长效保障。

(三)提升多行业多部门综合应急协同处置能力

"城市安全"场景在建设过程中整合汇聚了多方数据资源,有效破除了行业壁垒,初步实现了跨部门和跨层级的业务协同和信息共享。未来,以"城市安全"场景为基础,立足城市整体安全,建立统一的城市级应急协同处置联动平台,实现多行业、多部门安全业务深度融合,为统筹应急资源,高效开展应急处置工作提供解决方案。

(资料来源:杭州市应急管理局)

案例点评:

"城市安全"场景的构建以建设施工、地铁建设运营、交通运输、消防安全、危化矿山、特种设备、商贸旅游、城市运行八大重点领域为出发点,依托完善的城市公共安全理论以及专业数据分析技术,基于市区协同、集约化建设的原则,推动建立科学、规范、系统、动态的城市公共安全管理与风险主动防控机制,形成"统一高效、指挥可靠、快速协同"的综合应急协同处置

新模式,具有十分重要的建设意义。

　　针对这一案例,有两点建议:一是杭州市先后经历了台风"利奇马"、超长梅雨季和台风"烟花"等气候灾害。建议在八大重点领域应用场景基础上进一步构建以防汛防洪抗台业务为核心,整合林水局、气象局、数管局防汛数据资源,集水雨情监测、防汛防台预警预报、形势研判、应急救援、信息报送、联动指挥为一体的防汛抗旱专题应用。二是"城市安全"场景采集了6万余处城市安全运行风险单元信息,汇聚了 12 个职能部门 235 张数据库表,1.25 亿行业务数据量,数据量大且极为敏感,建议加强数据全周期安全管控,绷紧数据安全这根弦。

周俊

浙大城市学院城市大脑研究院、杭州安恒信息技术股份有限公司

"电梯智管"场景

一、背景

传统的电梯安全监管模式一直存在很多痛点问题。一是信息不对称。对于普通市民而言,单元楼里的电梯到底安不安全,维保是不是按期按规在做,检验是不是合格,如果被困电梯到底有没有人来救,多久能救出来,普通市民难以及时获得这些普遍关心关注问题的相关信息。二是基础数据不准确。电梯应急救援、检验、监察等数据库各自独立,更新周期各不相同,导致数据分散,不够清晰。三是监管不够精准。电梯数量增长速度快,基层监管执法人员数量有限,力量不足,人机矛盾严重。四是各方协调不顺畅。电梯安全涉及多个主体,需要多个部门沟通协调,信息流转渠道缺失,形成信息孤岛。

对此,杭州市市场监管部门积极应用物联网、人工智能等技术,通过建立完善的电梯基础数据库,打造精准的电梯电子地图,升级原有的96333电梯应急处置服务平台,建设电梯安全动态监管、智慧救援、部门联动以及公众参与四大平台,着力打造"一库一图四平台"的电梯综合智慧监管体系,进一步强化对电梯维保的监督和完善应急救援体系,进一步降低电梯的故障率,提升电梯困人救援效率,推动电梯精准管理和故障综合治理,构建事前、事中、事后的全生命周期电梯安全监管机制,积极回应、解决人民群众关心的"电梯平时怎么管"和"电梯困人怎么办"两大问题。

二、举措

针对电梯数据分散不清、基层监管不够精准、部门协同不够顺畅等痛点问题,围绕"全市电梯安全可控,故障少发生;电梯困人最快到达,乘客不担心"的总目标,杭州着力打造了"一库一图四平台"的综合智慧监管体系(见图1)。

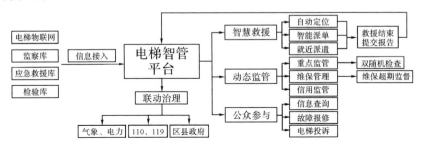

图1　电梯综合智慧监管体系

(一)打通"一库"——电梯基础数据库

针对现有的电梯应急救援、检验、监察数据库各自独立,更新周期各不相同,数据分散、不够清晰的痛点问题,通过整合完善各方面数据,统一数据字段、数据格式及采集标准,建立了囊括全市14万台电梯基础数据、维保数据、检验数据的杭州市电梯基础数据库。在集中归集、清洗的基础上,建立了动态更新机制,通过与检验、监察和透明维保数据系统的实时对接,确保数据库中的信息动态精准,率先在全国真正实现了把电梯动态"数清楚"。

(二)打造"一图"——高德版电梯地图

为直观展示杭州市电梯分布情况、实时故障情况及每日维保情况,通过现场采集、智能比对和重点复核的方式,对全市14万台电梯的地理位置信息进行排查,并以地理经纬度精准定位的方式,打造高德版杭州市电梯电子地图,通过一站式展示平台实现一图知晓全市电梯运行概况,同时也为实现智慧救援提供智能导航服务。

(三)建设"四平台"——动态监管、智慧救援、部门联动以及公众参与

以电梯智慧救援为切入场景,融合电梯安全监管职能,成功建设了

动态监管、智慧救援、部门联动以及公众参与四大平台。

1. 动态监管平台

一是实现双随机监管，平台以电梯使用单位为底层数据，每月自动随机抽取维保单位并推送给各区、县（市）基层监管部门，监管人员通过手机端分配任务，开展对使用单位的检查，并报送检查结果。二是实现重点监管，在全面推广透明维保的基础上，平台以透明维保 APP 为基础，通过采集每台电梯的维保时间、维保数据等，实时监测电梯状况，重点实现超期维保、超期未检的智能预警和智能处置，为基层监管部门提供精准监管指导。三是实现信用监管，通过对维保单位故障率、救援时间、一次性年检通过率和检查抽查等数据的采集和梳理，建立基准模型和信用评价体系，强化维保单位的信用管理，以市场机制倒逼维保单位提升管理水平，改进维保质量。

2. 智慧救援平台

升级原有的 96333 电梯应急处置服务平台，开发滴滴版救援系统，建立了信息化维保分平台、社会救援分平台以及掌上智慧救援 APP，各平台互联互通，在杭州市范围内实现电梯困人自动定位、智能派单、就近救援、优选路线。此外，加装有智慧监管装置的电梯，还能实现困人自动报警、自动派单、对被困人员自动安抚等智能服务。

3. 部门联动平台

借鉴特种设备全生命周期管理模式，针对灾害性气象以及可能会影响电梯安全运行的其他突发状况，事前与气象、电力等部门联动，对影响电梯安全风险的潜在因素进行提前预警；事中与 110、119、线下社区、街道场景平台联动，实现电梯故障困人线上线下协同运作；事后与属地政府部门联动，开展电梯故障高发治理行动，降低电梯故障率。

4. 公众参与平台

搭建市民参与电梯日常管理的平台和渠道，向市民开放电梯基础数据库资源，完善电梯使用标识中二维码信息的推送，开通杭州 96333 等公众号，市民只需扫一扫即可以实现电梯基础信息、维保信息、检验信息的实时查询，也可以在线申报故障、投诉咨询等。

三、成 效

（一）通过数据汇集分析，实现动态管理

"电梯智管"场景通过"一库一图"使杭州 14 万台电梯入库，监管部门实时掌握在用电梯的运行状况和故障情况，电子地图不仅能精准显示每一台电梯的地理位置和基本信息，还能在电梯维保作业时动态更新维保人员信息和全市维保即时数据，发生电梯困人事件时追踪显示救援人员位置和路径，实现电梯安全状况全链式动态管理。

（二）通过信息互通共享，推动联动治理

"电梯智管"场景通过电梯安全信息的快速流转和互通共享，打破部门壁垒，贯通信息渠道，与气象部门对接联动，实现电梯安全风险提前预警。2020 年，"电梯智管"场景累计发送电力预警 734 次，涉及 1139 个场所、8343 部电梯；发送气象预警 112 次，涉及 152 个场所、1762 部电梯。与110、119 联动，汇集杭州市电梯故障困人的信息。截至 2020 年，"电梯智管"场景已累计完成与 110、119 联动救援 920 起。与拱墅区、新天地等应用场景对接联动，实现电梯故障困人线上线下协同运作。与属地政府对接联动，响应百姓诉求开展线下共治行动。实现了事前、事中、事后的全链条对接，初步形成了政府统一领导、部门各司其职、市民积极参与、社会齐抓共管的新型工作格局。

（三）通过拓宽交互渠道，服务保障民生

"电梯智管"场景构建了新型电梯智慧救援体系，利用信息化手段汇总传递各方信息，拓宽了信息获取渠道，减少了人工调度传递环节，救援人员到达现场平均用时从 14.18 分钟缩短到 11.29 分钟，智慧救援速度提升20% 以上。此外，智慧监管装置还能提供自动报警、自动安抚等服务，有效缓解被困乘客的恐慌情绪，减少不当自救造成的二次伤害，切实提高市民乘梯的安全感。此外，通过微信扫一扫，可实现电梯信息随手查、电梯故障

随时报，拓宽了公众参与的渠道，激发了老百姓参与电梯监督与管理的积极性。

（四）通过运用智能功能，提高治理能力和水平

一是提高了公共服务的效率。通过智慧救援体系，实现了电梯困人自动定位、智能派单、就近救援、优选路线，提升了监管部门对电梯应急救援的处置能力。二是提高了监管效率。"电梯智管"场景项目建立了电梯数据的动态更新机制，通过系统后台实时采集电梯维保、检验、监察等数据，开展电梯运行状况在线监测，破解了以往单台电梯超期维保、超期检验监管被动、工作量大、排查缓慢的困局，实现了智能预警和智能处置，有效推进了双随机、重点监管和信用监管体系的构建，提升了电梯安全治理的能力和水平。

四、启 示

在"电梯智管"场景推广应用的过程中，受限于网络、设备及电梯本身的运行状况，目前仍存在物联网监测终端覆盖面小、市民知晓度不高等现实问题。下一步，杭州市场监管部门应着力加大场景应用推广、建立电梯综合智慧监管体系、全面实施数字赋能，构建具有杭州特色的电梯安全数字化综合治理体系。

（一）继续加大智慧电梯推广应用

进一步完善电梯综合智慧监管体系建设，推动电梯制造企业实施电梯远程监测，鼓励杭州市高科技企业技术创新，使大数据、云计算、人工智能等高新技术在电梯安全管理方面发挥积极作用。通过政企合作模式，共建电梯相关海量数据平台，研究深度学习模型，不断提高危险模式识别的广度和精度，将"杭州经验"向全国推广，打造电梯安全智慧管理的杭州样板。

（二）着力推进智慧电梯标准体系建设

以杭州电梯物联网应用建设经验为基础，牵头电梯物联网团体标准、

行业规范的制定,鼓励新技术研发,健全产业结构模式,推动物联网技术在电梯领域内的更广泛应用。规范数据采集,实现各应用平台数据的横向可比,进而推动大数据、云计算等技术对电梯全生命周期的实时监察,有效推进产品质量追溯、维保质量监督、故障类型分析等应用,推动电梯物联网产业的发展。

(三)推动形成电梯安全管理多元共治模式

电梯质量安全存在于采购、施工、维保、管理、使用以及隐患治理等诸多环节,涉及建设、房管、消防等多个部门,因此应进一步建立完善电梯综合智慧监管体系,通过城市大脑系统互联互通,以信息共享、方案共议和问题共治等方式,建立交流渠道,完善考核机制,实现一张网高效智慧管理,推动各方共同参与对电梯的管理,形成电梯安全管理各方联动工作体系。

(资料来源:杭州市市场监督管理局)

案例点评:

在中国,超过630万台电梯遍布社区、写字楼和商场等高层建筑,每日乘梯高达数亿次。如何提高电梯运营效率,保障人们乘梯安全,成为城市发展建设中不可或缺的一环。"电梯智管"场景应用,将电梯场景大数据汇于一处,完善了电梯的维保监督体系及应急救援体系,让电梯更智慧、更安全。当然,"电梯智管"场景的智能交互,亦可衍生出更多新业态。2021年,国家市场监督管理总局下发《关于同意开展电梯智慧监管试点的批复》,杭州成为电梯智慧监管改革试点城市之一,为全国改革探路。

在"城市大脑·电梯智管"场景的基础上,以解决"电梯平时怎么管"和"电梯困人怎么办"等问题为导向,杭州市打造了集电梯基础数据库、电梯电子地图、电梯安全码,以及政务服务、动态监管、智慧救援、协同治理、监管改革、智慧电梯于一体的"一库一图一码六大应用场景"。同时,杭州还加快推进原有的96333电梯应急处置服务平台升级,探索建立电梯风险预警模型。当电梯困人故障出现时,"电梯智管"场景自动识别并发出报警,96333话务人员第一时间与电梯内乘客联系,实时进行人工安抚。依托电梯的精准电子地图，自动派单给最近的维保救援人员。经过数次迭代升级，电梯综合智慧监管体系综合了电梯电子地图绘制，电梯维护、检验和监察等环节的实时数据采集，以及电梯运行状况的在线监测预警等，不仅让杭州市 14 万台电梯的家底更清晰，也让电梯监管更智慧、治理更协同、信用更可期。

"一库一图一码六大应用场景"使杭州市 14 万台电梯的数据入库，通过信息共享联动守护群众安全，利用信息化手段服务保障民生。"电梯智管"场景实现了电梯安全的全链式动态管理，提高了治理能力与水平。当然，处于发展初期的"电梯智管"场景，仍需在实践应用中不断调适完善，如何扩大电梯智管数据的应用范围，提升监管的实效性，挖掘出更多的交互场景新业态，便至关重要，亦值得期待。

张雅楠

浙大城市学院城市大脑研究院、浙大城市学院传媒与人文学院

"智慧医保"场景

一、背景

在互联网、大数据蓬勃发展的背景下,杭州市医疗保障局充分运用医保大数据,以数字赋能为智慧医保监管体系建设按下加速键,形成以云监管系统和实名制监管系统聚焦精准打击的"数字化"医保治理新格局。

截至 2020 年 10 月,杭州市定点医药机构已达 7430 家(定点医疗机构 4252 家,定点零售药店 3178 家)。而且由于实行了"宽进"的政策,每年新增的定点机构超过百家。杭州市医疗保险参保人数为 1067.76 万人,但人员素质参差不齐。定点医药机构数量庞大引发的激烈竞争,参保人员相对较高的医保待遇和便利的就医方式,导致医患双方合谋欺诈骗保的冲动尚未被有效遏制。与此相对的是,杭州市医疗保障稽查执法人员的数量,在 10 多年间未增长,全市从事医疗保障执法工作的人员仅有 38 名,其中市级医保部门 14 名。定点医药机构的检查、取证、案件审理、行政处罚以及后续的行政复议、诉讼等工作都极其繁重,医保监督执法力量严重不足,导致"宽进易、严管难",监管力度要求与监管队伍设计相差甚远。

社会期望高而传统管理水平低。医保基金安全是全社会关注的重要民生问题,2018 年杭州市医保局受理群众投诉举报案件 125 件,2019 年 154 件,2020 年截至 10 月中旬为 113 件。群众对打击欺诈骗保、维护基金安全的期望日益增加,传统的"人海"管理模式已完全不能适应医保基金监管新形势的需要,也和社会治理体系现代化的要求相去甚远。医疗保障部门在单设后,不间断地打击欺诈骗保行为,但面对面广量大的监管对象和日趋复杂化、隐蔽化、分散化的欺诈骗保行为,传统的检查、发现以及查处难度越来越大。因此，亟须通过现代技术手段，构建影像识别和实时监控相结合的非现场监管模式，提高医保基金的现代化治理水平。

二、举 措

面对海量的结算数据和庞大的监管对象，杭州市医疗保障局积极拓展工作思路，充分运用数字赋能，创新开展视频云监控系统和实名制监管系统建设，实现精细化、科学化的医保监管，有效堵塞了欺诈骗保的漏洞。

（一）建设远程视频云监控管理系统

积极启动远程视频云监控系统建设，构建"远程视频云监控中心"，有效监控了定点医药机构结算处等区域。通过远程视频云监控中心，将定点零售药店的医保服务影像实时同步上传，并依托三大运营商（中国移动、中国电信、中国联通）的云存储，在中心端实现对定点零售药店的远程实时监控和45天视频的调取回放。截至2020年底，该系统已实现对2096家医药定点医药机构的远程视频云监控系统建设，专职人员定时定量对定点医药机构实时情况和非工作时段回放情况的查看，充分实现了非现场监管。

（二）建设实名制监管系统

在定点医药机构收费结算处安装3D结构光摄像头，利用生物识别技术和基础信息采集，对就诊的参保人员进行实名刷脸验证，并对该机构注册的执业医师（药师）进行实名刷脸签到和签退。同时在医疗机构针灸、理疗和康复治疗诊室，安装诊疗监管人脸识别一体机和医保就医凭证刷卡机，用于诊疗患者实名刷脸签到和签退。通过技术手段，进一步确保医保结算认卡又认人，有效遏制了空刷、盗刷、冒名顶替等医保违规行为。截至2020年底，杭州市2358家机构已完成实名制监管系统的安装，下一步将不断扩大系统覆盖面，进一步提升监管成效（见表1）。

表 1　实名制监管系统运行概况　　　　单位：人次

监管对象	项目	数量
医务人员	日均医师考勤	1319
	日均药师考勤	1809
参保人员	日均刷脸结算	45600
	日均代办结算	6417

三、成　效

(一)医疗费用显著下降

2020 年,远程视频云监控系统上线以来,试点医药机构 9 月、10 月的医疗总费用分别环比下降 28% 和 25%,降幅显著。

自实名制监管工作开展以来,试点零售药店 2020 年 7 月产生的医疗总费用同比下降 6%;试点民营医疗机构 2020 年 7—10 月产生的医疗总费用分别同比下降 48%、28%、4% 和 33%。

(二)打破执法力量不足困局

在监管对象数量庞大而执法队伍力量不足的矛盾愈发凸显的前提下,我们通过信息化手段,利用生物识别技术,打造了远程视频实时监控系统和人脸识别系统,用科学的武器有效提升了医保精细化、科学化管理水平,打破了医保执法力量不足的困局,不断推进医保监管体系和治理能力现代化。

(三)切实提高稽查效率

远程视频云监控和实名制监管两大非现场监管系统的上线,有助于后台执法人员现场锁定案件证据。特别是远程视频云监控系统,借助三大运营商的后台存储,实现视频上云,执法人员可根据案情调查需要任意调取定点医药机构 45 天内的监控录像,并以影像资料的方式直接作为证据入案,极大提高了稽查人员的办案效率。

(四)全域氛围形成有效震慑

远程视频云监控和实名制监管系统的建设,根治了空刷、盗刷、冒用工号等医保违规行为,同时也使定点医药机构在医保部门远程监督下不敢再实施违规行为。远程视频云监控、实名制监管等非现场监管模式已成为悬在定点医药机构头上的达摩克利斯之剑,让其心有畏惧,不敢恣意妄为。

四、启 示

通过聚焦远程视频云监控系统和实名制监管系统建设,杭州市医疗保障局在全国率先闯出一条数字赋能助力医保监管的新路子。下一步,我们将继续推进技术攻关和业务需求的有效融合,进一步拓展医保智能监管的广度和深度,筑牢基金监管的"智能塔基",积极打造医保数字化治理的杭州样本。

(资料来源:杭州市医疗保障局)

案例点评:

智慧医保监管体系建设远程视频云监控系统和实名制监管系统,构建影像识别、实时监控和调取回放相结合的定点零售药店非现场监管模式;实名刷脸验证、监控取证有助于锁定案件证据,形成震慑,弥补稽查执法人员不足造成的监管力度不够问题,堵塞欺诈骗保的漏洞。从目前执法人员的实际数量看,全面推广尚有一定难度,对于已经运行的系统实时远程发现了多少案件,在多大程度上起作用,能否有效防范侥幸心理作案,还需要做出科学评估。

建议在扩大覆盖面的同时,进一步运用大数据技术和人工智能,对比患者体征数据,判断医保支付的合理性,筛选出明显不合理的重点对象进行影像回放,并把有欺诈骗保前科的人员纳入重点监控数据库,以提高监控成效,增强威慑力。

蓝蔚青

浙大城市学院城市大脑研究院、浙江省城市治理研究中心、浙江省公共政策研究院

"数智就业"场景

一、背 景

  杭州市人力资源和社会保障局认真贯彻落实习近平总书记"就业是最大的民生工程、民心工程、根基工程"的重要指示精神,从基层就业服务的堵点、痛点出发,坚持需求导向、问题导向、未来导向,创新推出便民智能公众服务平台"数智就业",打造就业政策智能咨询、就业事项智能办理、就业业务智能指导三个应用场景,实现了从"我要办"到"带我办"、从"人找政策"到"政策找人"、从"层层培训"到"即时指导"的转变。截至2021年7月,"数智就业"场景累计成功办理业务3000余件,接受在线咨询1.2万余次,其中AI智能机器人成功解答1.1万余次,人工客服解答1000余次。

  杭州市人力社保局坚决贯彻习近平总书记的重要指示精神,把学习教育的成效体现到为群众办实事、解难题上,大力开展"民呼我为"活动,主动回应人民群众的呼声,创新推出便民智能服务平台——"数智就业",利用数字化改革的牵引撬动作用,倒逼制度重塑和流程再造,通过赋能高效、赋能减负,让办事群众和基层工作人员双方受益。2021年7月,人力资源和社会保障部部长在杭州调研时,专门听取了"数智就业"场景情况汇报,给予了充分肯定。

二、举 措

(一)坚持需求导向,聚焦服务对象、高频事项

  从群众需求侧来看,要实现就业政策应享尽享、补贴申请便捷高效,让

办事群众及时了解可享受政策,尽量少交资料、少填表单。从政府需求侧来看,要着力提高就业服务专业性,减轻基层工作人员负担。在明确需求后,对就业事项咨询和办理情况进行大数据分析,从高频事项着手,成熟一个、上线一个,打造"业务办理不打烊、政策咨询不下线"的服务生态。

(二)坚持问题导向,解决工作痛点、堵点、难点

"数人"匹配问题一直是困扰"数智就业"场景开发的难点、痛点,因此杭州市就业中心充分利用省、市大数据平台,多跨协同公安、民政、教育等十余个部门,改变过去"各自为战"的工作模式,打破信息孤岛,深度激活数据价值,实现数据共享、服务决策协同,推动公共就业服务从"碎片化"向"一体化"的转变。

(三)坚持未来导向,着力提升就业治理能力

杭州市就业中心以"立足于未来思考当前工作"的前瞻性、系统性思维,按最小颗粒度拆解业务单元,构建起了最优 V 字模型,打造出企业和群众爱不释手的应用场景,逐步建立完善高质量就业服务新格局。

三、特 色

(一)实现就业事项"无感智办"

对符合政策享受条件的企业和群众,在其不知晓任何就业政策、不提供任何办事资料的条件下,系统进行主动推送,对信息进行一键确认,即可完成就业业务办理,打破时间和空间的限制,实现随时随地办。目前已上线失业保险金申领、失业补助金申领、技能提升补贴、就业困难人员灵活就业社保补贴四个高频事项。

(二)实现就业政策"无碍智询"

建立政策知识库,为 AI 智能机器人提供完整的知识储备,AI 智能机器人通过精准分析对位能力,识别问题后进行自动答复,减少人工干预,改

变传统人工电话和多层级语音咨询的模式,提升了咨询群体的使用体验满意度。同时,在智询场景中还增加了职业介绍和见习岗位推荐功能,可根据咨询人员的既往工作史推荐工作岗位。此外,为方便特殊群体,智询场景还推出视频互动兜底办功能。

(三)实现就业服务"无差智训"

基层工作人员可得到无时间差别、无权限差别、无领域差别的培训指导。AI智能机器人自动推送政策解读和业务操作视频,实时对工作人员开展远程培训,帮助他们更加高效、便捷地开展工作。同时,工作人员在经办过程中遇到问题,可以一键寻找技术支持,得到一对一即时的辅导支持。截至2021年7月,政策知识库已收录市级就创政策206条,区、县(市)就业政策160条,业务辅导(含视频)330条。

四、成 效

(一)为企业群众提供便利,共享就业数字化改革红利

"数智就业"场景以群众需求来定义就业数字化改革内容的次序,构建起了数字时代的全民参与渠道,让就业服务实现现场应、智能解,做到"民有所呼、我必有为"。截至2021年7月,已成功办理业务3000余件;接受在线咨询1.2万余次,其中,AI智能机器人成功解答1.1万余次,人工客服解答1000余次。

(二)为工作人员减轻负担,促进就业服务提质增效

"数智就业"场景把过去工作人员手写笔记"数着划"工作,转变为无人工干预的"数字化"服务,彻底改变了以往手工作业模式,既实现了基层减负增效,又为以点带面解决就业难题提供了思路。同时,改变了以往"击鼓传声"的培训模式,实现了政策培训"一竿子插到底",确保全市就业政策落地时间一致、政策解释口径一致、业务操作流程一致。

(三)为资金安全提供保障,确保就业政策落地见效

通过"数智就业"场景建立起一套数据统计分析模式,实时监测各项数据,提高就业补助资金和失业保险基金使用的规范性,为政策享受精准扩面提供有力支撑,将各项惠民资金"稳、准、快"兑付至企业和群众,使每一笔补贴都用得其所。

五、启 示

"数智就业"场景从设计思路、系统开发到上线使用的整个过程,实质上就是一次就业服务"刀刃向内的自我革命",是数字化改革的生动实践。因此,"数智就业"场景在杭州市各区、县(市)服务窗口推出后,受到了办事群众的一致好评和高度认可。建德市通过线上线下渠道进行宣传,已有1000余家用人单位使用该场景。2021年3月至7月,广州、衢州等地区已专程来杭州学习"数智就业"场景建设,上海、洛阳等地也已与杭州对接,了解学习"数智就业"场景建设使用情况。

(资料来源:杭州市人力资源和社会保障局)

案例点评:

用数字化赋能就业是为群众办实事、解难题的一个很好的切入口。该场景围绕群众需求、难点问题、未来导向,多跨协同十余家部门,通过数据共享、政策协同,推动公共就业服务从"碎片化"向"一体化"转变,实现就业服务现场应、智能解,为企业群众提供方便,为基层人员减轻负担,让就业政策"一键直达",体现了数字化改革的方向。

对"数智就业"场景有以下两点建议。

(1)在案例的成效描述方面,建议最好有数据比较做支撑。如对于各种补贴的办理,场景启用前大约跑几个部门,平均用时多少;场景启用后,是否做到了跑零次,一键秒达;又如对于政策的咨询,传统的人工电话一般

需转接多次，目前是否无须转接直接智能应答等。

（2）建议将该场景进一步迭代升级，打通待业人员数据库、就业岗位数据库等，通过大数据匹配，将就业意向—岗位推荐—岗位申请—政策落实—就业入职等事项集成"就业一件事"，打造真正的就业服务新生态。

徐慧萍

浙大城市学院数字化改革专班

"一键找园"场景

一、背 景

针对杭州市小微企业反映的企业入园匹配难、园区企业融资难、园区企业服务难、园区安全管理难等痛点,杭州市经济和信息化局结合"为我企业解难题"专题实践活动,以数字化改革为契机开发"一键找园"场景,牵手伙伴银行推出专项金融信贷支持,迭代升级助企服务机制,首创安全管理通则,实现安全生产全覆盖,全力助推小微企业园高质量发展。"一键找园"作为浙江首批数字经济系统多跨应用场景揭榜的 12 个场景之一,已在钱塘区、富阳区、西湖区等地试点应用。

小微企业园是小微企业集聚和创新发展的基础平台,也是区域经济高质量发展的重要载体。2021 年,杭州市已创建各级小微企业园 244 个,总数位列浙江省首位,其中,国家级小型微型企业创新创业示范基地 8 个,国家级和省级中小企业公共服务示范平台等 31 个,省五星级园区 4 个,四星级园区 12 个。

二、举 措

(一)开发多跨应用场景,"一键找园"超方便

以数字化改革为契机,利用数字孪生、大数据和人工智能等技术,杭州市经信局创新开发"一键找园"场景,使园区空间载体和产业资源要素数字化、可视化,实现园区可查、可看、可询、可比。"可查",即在线根据一定条件进行搜索和筛选,企业可以一网通览全市概况,一键查找合适园区。"可

看"，即提供园区 VR 全实景视频展示,园区信息和产业配套资源数字化在线,企业投资者可快速了解园区信息。"可询",即企业可快速对接园区,或通过公众号关注园区动态,未来可以在线沟通,实现企业与园区实时互动。"可比",即企业对园区信息进行格式化对比,对意向园区各方面信息进行深入比较,快速选择出真正符合预期的园区进行深入接洽,提高园企对接效率。"一键找园"场景在企业端基础上,还开发了园区端和管理端,方便园区实时更新信息,快速对接有意向企业;政府部门也可通过掌握园区招商情况、线上意向转化率等数据,为产业政策修订完善等决策提供支持。

(二)牵手四大伙伴银行,企业融资不用愁

针对小微企业园区企业融资难、融资贵、融资慢等问题,杭州市经信局与交通银行省分行、杭州银行、杭州联合银行、浙商银行杭州分行多次沟通对接,推出"杭州市小微企业园高质量发展伙伴银行"专项金融服务。每家银行授信 20 亿元,三年全口径融资额度 80 亿元,为全市小微企业园和园区内的优质企业给予金融支持。杭州市经信局向伙伴银行提供各级认定的小微企业园及园区内的企业名单,以及绩效评价 B 档以上小微企业园名单;伙伴银行为小微企业园及园区内的企业提供免费的综合金融知识培训,定制金融服务方案,并根据小微企业园等级给予专属融资价格和信贷支持。例如,杭州医药港的天境生物科技(杭州)有限公司项目是浙江省重大产业项目,从交通银行与企业首次进行项目对接到完成项目授信全流程审批仅用时 18 天,为天境生物项目首期研发及中试车间技术改造项目成功授信 2 亿元,截至 2021 年 7 月,已投放 1395 万元。

(三)创新助企服务机制,足不出户解难题

2019 年 9 月实施"新制造业计划"时,杭州市推出的百名驻企服务员受到了社会各界的广泛关注。2021 年以来,杭州市经信局对助企服务机制不断进行优化,着重解决区域内企业存在的共性问题。满足共性需求,由"一对一"的助企服务 1.0 版向"一对多""多对多"覆盖式服务的 2.0 版转变。采取"网格化＋专班化"的服务模式,每个区、县(市)划分为一个网

格,每个网格根据工作需要和企业数量派遣若干名驻企服务员,组成一个助企服务工作专班;采取"一企一园一链"的服务方式,将服务延伸到小微企业园和产业链上下游企业,以服务大企业带动服务中小微企业,受到广大企业欢迎。例如,滨富特别合作区的富芯半导体项目是浙江省重大产业项目,因当前国内芯片供应短缺,杭州富芯半导体有限公司先后两次提出大幅度压缩建设工期。为保障富芯公司抢抓市场机遇,确保生产系统调试提前实施,驻企服务员多次组织召开协调会议,优化220kV电力配套工程组网工程方案,推动匹配项目建设工期由48个月压缩至20个月。同时,针对集成电路企业人才竞争激烈的特点,及时协调解决富芯公司人才认定、员工住房、子女就学等实际困难,助力企业招引境内外高端人才。

(四)首创安全管理通则,安全生产规范化

针对部分小微企业园区安全管理机构不健全,安全生产基础设施滞后,隐患排查治理、安全教育培训不到位等突出问题,杭州市经信局会同专业安全管理机构深入调研,在浙江省率先制定发布了《杭州市小微企业园安全管理通则(试行)》、杭州市小微企业园安全管理"双十二"清单,采取"规范+示范+服务"模式,扎实推进小微企业园安全生产管理工作。该安全管理通则从明确园区安全管理责任、建立安全管理机构、落实安全管理措施、加强入驻企业管理等工作入手,形成政府统一监管,园区业主单位、管理单位和入驻企业统一协调管理的良性循环,切实做到安全责任全覆盖、管理全方位、监管全过程。《杭州市小微企业园安全管理通则》、杭州市小微企业园安全管理"双十二"清单出台后受到了区、县(市),以及园区的欢迎,各区、县(市)及时转发给辖区企业园区,覆盖杭州市小微企业园的安全管理网络逐步完善。

三、成效及启示

系统后台统计,2021年"一键找园"手机端近30天浏览量达31770次,访客7741人。"一键找园"场景能有效地帮助园区解决获取招商线索

困难的问题，便于落户杭州企业更快捷找到理想的园区或小微企业园，是政府服务企业，助力园区、小微企业园建设的重要举措。

作为2021年浙江首批数字经济系统多跨应用场景揭榜的12个场景之一，"一键找园"场景已在钱塘区、富阳区、西湖区等地试点应用。2021年10月在杭州市小微企业园普及应用，后续将探索推进与园区绩效评价、政策兑现、信用评价、服务入园区等情况挂钩，并启动浙江省推广应用。

（资料来源：杭州市经济和信息化局）

案例点评：

地方政府招商与企业寻找合适场地这件事，历来存在严重的信息不对称问题。地方政府确定招商政策、发布招商信息后，剩下能做的大体上就是没有明确指向的招商引资工作了，开展招商会，或者带队考察，或者邀约企业家团体……但总体而言，仍是缺乏精准信息支持的广撒网。

尤其是在经济保增长成为后疫情时代主题的情况下，如何既帮助地方政府高效盘活有限资源，又能优化营商环境、助力企业快速复工复产，是一个棘手但又必须答好的考卷。

"一键找园"场景确实可以解决这个问题。园区空间载体和产业资源要素数字化、可视化，以及整个配套资源数字化，招商方和企业方在APP上各自的端口可以进行快速信息匹配，这就解决了信息不对称的问题。

但这只是整个"为我企业解难题"答卷的开始，融资难如何解决，企业服务需求如何快速及时响应，园区安全管理又如何通过数字化手段实现优化提升。以上种种问题，构成一个完整的系统。其本质是"最多跑一次"理念在企业服务领域的数字化再提升。

同时，我们也要看到，"一键找园"场景只是数字化改革在企业服务领域应用的初步尝试，未来应该要实现更广维度的资源、信息优化调配。数据越多，匹配的精准度越高，甚至要以数字化思维纵向、横向打破区域间的利益壁垒，这才是数字化应用的真谛。

张敏

浙大城市学院城市大脑研究院、杭州博物文化传播有限公司

数智组工矩阵

要全方位深化数字化改革,加快推进"整体智治"。遵循"整体智治、协同高效"理念,杭州市委组织部积极探索城市大脑政治领域建设,着眼于全业务数据归集、全方位流程再造、全周期管理服务,构建智慧党建"1+10"应用场景,覆盖干部、组织、人才、公务员四大核心业务。

一、党建云图:从"内循环"到"双循环"

针对组织业务数据单点采集、单线运用、体内循环等问题,构建"党建云图"数据驾驶舱系统,"一口井"智汇干部、组织、人才、公务员信息库数据,跨系统、跨层级协同归集各部门在线或离线数据资源,形成集合1250项动态数据指标的多维综合研判分析平台,做到组织工作全领域全市域数据融合,推动组工决策方式变革。同时,通过注册数据中枢,为杭州城市大脑提供党建和组织工作指标 136 个,注册接口 34 个。

二、干部选用:从"像不像"到"准不准"

"像不像"是干部工作中常用到的一句话,是在一定视野范围内对一名干部德才表现、人岗相适、人事相宜、班子结构、群众公认等多方面的考量判断。大数据时代,不能满足于"像不像",要更看重"准不准"。杭州市委组织部开发建设"选兵点将"平台,深度整合领导班子和领导干部基本情况、日常考核、年度考核、专项考核、教育培训、监督管理等各方面的数据信息,分级分类构建班子、干部分析模型,实现动态实时智慧研判,让干部画像越来越精准。初步人选的提出,除了翻名册、点人头、看大表、查资料,还可以按岗位设参数、查名库出数据、比实绩;干部覆盖面从 1420 名市管干部和重点对象,扩展到杭州全市处级(中层)以上干部。目前已形成 4 类 20 项重点指标、9 类 104 张常用名单、上百个信息比对点,并给数据加上"时间轴",让干部画像更立体,选用比选更直观,管理预警更直接。

三、组织赋能:从"重隶属"到"跨空间"

在组织体系中,一名党员隶属一个支部,但经济社会发展带来人员大量流动,强调隶属无形中变成了一种"隔离"。例如,淳安县有 4233 名在外流动党员,如果只在返乡期间向党组织报告,显然在党员管理上存在盲区。"西湖先锋"智慧党建系统的建设,就是打破时空限制,让"隔离"变成"融合"的一种尝试。融合线上与线下,建立覆盖 3446 个党群服务阵地的"党建一张图",在杭党员可以就近线上报名参加开放式组织生活,还可以在线交纳党费、转接组织关系、参加"三会一课",通过爱心驿站、社团有你等服务场景融入社会、服务群众。融合组织与党员,在 804 个党组织开展"先锋码"试点工作,强化"先锋动员"功能,试点党组织可以按区域向网格员、楼道长、在职党员等特定人群发出组织动员令,实现"支部吹哨、党员报到"。截至 2021 年 7 月,"西湖先锋"共开发管理、服务和学习应用功能 151 项,线上线下联动开展党建活动 71.6 万场、志愿服务 8.7 万场,社团类活动参加人员达 151 万人次,在职党员社区报到服务比例提高到 90%,认领微心愿 11.3 万个,党员队伍活力不断提升。

四、人才生态:从"找服务"到"送服务"

人才来杭州,都有啥服务?如果说以前很少有人说得清、弄得明、用得好,那么现在杭州"人才码"很好回答了这一问题。杭州市委组织部协调联动 30 家市直单位、76 家企事业单位、163 个众创平台、49 家金融机构,根据服务对象不同分类集成 5 大类 139 项服务,上线双创服务、政策兑现、子女教育、医疗健康、购房落户、交通出行、休闲旅游等高频服务事项,实现人才办事"一站入口"、政策"一键兑现"、双创"一帮到底"、服务"一呼百应"。2020年5月上线至2021年7月,已先后推出3期,13.6万人才领码,累计服务161.6万人次。与"亲清在线"联动,再造政策兑现流程,解决数据协同技术问题3770个,实现高层次人才购房补贴、租赁补贴、车牌补贴,大学生租房补贴、生活补贴等"政策主动提醒、系统自动审核、兑现即时到账",6.28万人才服务直达兑现政策资金超8.3亿元。比如,人才申领车辆上牌补贴,从填报资料六大步骤、线下辗转3个部门、历时最长半年兑现,改为符合条件的人才竞价上牌成功后主动提醒、即申即付。2020年,杭州市认定高层次人才同比增长3倍多。还比如,应届毕业生领取生活补贴,从填写30余项信息、提交4项纸质材料、线下办理银行实体卡、经历9个工作日、3轮线上确认,到只需填写姓名、身份证号码、手机号码、银行卡号,系统自动审核,补贴一秒到账。抖音、微视、小红书,处处可见大学生自发点赞,2020年,引进35岁以下大学生超过40万人。2021年,为防止自动审核可能存在的"空子",杭州市委组织部在"亲清在线"上线预警模块,对非正常申领情况及时预警,人社、公安等部门协同调查,确保补贴资金规范、有效兑现。为确保"人才码"运行顺畅,构建"智小惠导服+人工专线客服+异议应答小组+技术D小二"四合一的服务新模式,建立人才的咨询、诉求和异议响应长效机制,问题一次性解决率93.96%,服务满意度100%。

五、公务员管理:从"多头跑"到"即时办"

公务员管理审批环节多、牵涉部门多,为提高公务员管理办事质效,杭州市委组织部建成公务员综合管理和职业生涯全周期管理"一件事"平台,涵盖全市1583个机构,4.8万名公务员基本信息,将公务员录用、调(转)任、职级变动、登记、考核、工资等9个管理事项纳入平台网上办理,办事人员无需纸质报送,在线审批即可完成归档。打通各部门数据壁垒,改革单线办事流程,搭建并联处理网络,让社保、医保、公积金、编制、市民卡等10项业务"并联式"集成办理,做到业务实时办理,数据实时比对,信息实时更新,实现"一张表单申请、一个平台联办、一次不跑办成"。截至2020年12

月底,该平台已在线办结公务员管理各类事项 3.1 万件。比如公务员工资的计算,对工作人员业务能力要求很高,现在通过平台赋能,实现工资计算规范化和流程化,大大提高了效率、降低了出错率。再比如对于公务员转任,通过改革,业务材料从 18 份缩减至 5 份,填报信息从 183 项减少至 20 项,平均办结时限由 6 个工作日变为即时办理。

下一步,要使系统观念、系统方法更好地融入组工数智矩阵的升级迭代,让组织工作更加聪明、更高质量,为高水平打造"数智杭州·宜居天堂"贡献更大的组织力量。

(资料来源:杭州市委组织部)

案例点评:

党的十九大报告指出,中国共产党要"增强改革创新本领,保持锐意进取的精神风貌,善于结合实际创造性推动工作,善于运用互联网技术和信息化手段开展工作"。

在"数字浙江""数智杭州"背景下,杭州市委组织部积极打造数智组工矩阵,推进组织工作数字变革,展开城市大脑政治领域建设的积极探索。通过信息融合与共享、流程优化与协同、数据分析与画像,力图实现全业务数据归集、全方位流程再造、全周期管理服务的建设目标,在领域内开展了打破数据壁垒和提升管理效能的有效尝试。尤其是利用西湖先锋智慧党建系统实现从"重隶属"到"跨空间"的组织赋能,直面基层党建中的现实难题,指导企业事业单位规范开展组织工作,助力新业态领域党的组织覆盖和工作覆盖。

2022 年 4 月 19 日,在中央全面深化改革委员会第二十五次会议上,习近平总书记做出的重要论述,为推进数字化改革提供了根本遵循、指明了前进方向。数智组工矩阵的探索,是扎实的有益尝试。下一阶段,或可以组织赋能环节的打造为抓手,抓好执政骨干队伍和人才队伍建设,更好体现时代性、把握规律性、富于创造性,以数字化改革助力政府职能转变。

刘珊珊

浙大城市学院城市大脑研究院、浙大城市学院马克思主义学院

"一表通"数据仓

一、背 景

聚焦基层"报表多、数据散、录入忙"的现实难题,建立"一表通"数据仓,汇集人、房、企、事等信息并实时更新,推动基层社会治理减负更添"智"。一方面,表格一键导出功能可节约社区工作人员的填表时间,提高工作效能。另一方面,结合城市大脑、数据驾驶舱,将"一表通"应用于民生、医疗、养老、防疫等各个方面,推动基层治理向"智"理转变。截至2020年底,杭州市上城区社区已录入归总各治理要素信息19.4万条,每日数据更新频率达1100条次,各科室每月减少17小时催报时间,每月释放了78小时填表时间。

上城区紧紧围绕"数智杭州"总目标,以深入推进党建引领基层治理"六和"工程为契机,聚焦基层减负、数字赋能、协同增效,基于基层治理"四平台"的数据,在闸弄口街道试点先行,系统建设街道驾驶舱,并在全区推广,率先实现社区"一表通",努力为数字赋能基层减负和治理增效提供实践样本。

二、举 措

(一)"一个入口"汇集数据

打破网格、条线壁垒,汇集整合社区原有基础数据,承接梳理上级平台业务,下沉数据,依托社工的工作手机,开发数据录入端口,设置使用人员密钥权限,做到常态走访、动态更新,并与原有基础数据碰撞对接,建立"一表通"数据仓,为街道数字驾驶舱提供数据支撑。

(二)"一套标准"归类整合

以杭州市统一地址库为基础,以标准地址关联人、房、企、事等治理要素,通过要素标签、数据汇集、地址库统一、录入格式、表格生成"五个标准化",实现系统自动归类整合。将各类报表拆解整理为 320 个标准数据标签字段,构建基层治理最小颗粒度,有效破解了社工工作数据散、端口杂、报表多、重复填等问题。

(三)"一键导出"生成报表

设定五大治理要素、8 项基本信息、320 个特定种类标签,按照报表的基本核心要素和提交频次,对 33 张"高频表格"设置一键导出功能,实现社工减负最大化;对于低频表格,科室、社区可根据标签、字段检索,自动生成导出表格,满足不同类型的表格需求,省去各科室每月 17 小时的催报时间,为社区每月释放 78 小时填表时间。

三、特色亮点

(一)"一网集"数据联通体系

将"一表通"无缝接入省级基层治理"四平台"、杭州城市大脑。通过"一表通"数据维护,不仅能实现"四平台"数据同步更新,还能与市级条线数据共享。例如,接入市级共享数据平台后,与街道 5 万多条失业人员信息进行碰撞,社区每月通过批量查询,可在"一表通"内看到失业人员就业情况,省去重复核对信息时间。

(二)"两端口"实时更新体系

坚持移动端和电脑端"两端"发力,实时更新、清洗数据。移动端,打通网格化治理的神经末梢,为 220 名社工配置工作手机,设置使用人员密钥权限,实现点位实时共享、数据实时录入、呼叫实时响应、工作实时留痕;电脑端,连接城市大脑中枢,通过数据跑路、精准碰撞,截至2020年底累计更新数据12.4万条,调用接口数据102.2万条,以"数据通"代替"表格通"。

(三)"全流程"绩效评估体系

对标基层社工工作清单,基于"一表通"数据仓、数字驾驶舱、基层治理"四平台"数字化留痕,统筹考虑上门走访完成率、服务居民满意率、交办问题处置率等核心要素,赋予数据"来源于社区＋考核社区"的特性,实现"一表通"数据仓内数据全生态、全周期闭环,让数据质量成为工作质量。同时,聘请第三方,通过入户调查、电话抽查等形式进行测评,健全数字化、立体式绩效评估机制。

四、成 效

(一)推动数据融合,形成条线业务协同

通过设定进入数据的格式标准,民生、安全、环境等数据可按格式标准自动归类整合,打破条线分割、区域封闭的信息孤岛,实现数据共享、统一管理,为社区"驾驶端"赋能,让辖区治理成效一目了然。例如,以往民政、安全等条线对老年人走访有不同的要求,并将各自需要的信息反馈在不同系统内,现在只需将走访信息和服务情况反馈在"一表通"内。

(二)开发应用场景,形成服务业务协同

在"一表通"小切口基础上,探索覆盖医疗、为老、防疫、平安等多种类型,更精细、更精准、更便捷、可感知、可操作的"大场景",破解数字化基层场景应用"最后一公里"问题,提升居民"乘客端"满意度。例如,对老年人、困难户、残疾人等重点群体,系统后台自动更新信息录入的相应表格,提醒社工上门提供相关服务,2020年累计发起892次提醒。

(三)探索在线调度,形成事件业务协同

探索完善"四平台"问题流转交办和数字驾驶舱在线指挥调度模式,健

全事件分级响应处置机制，实现高效协同、精准快速、第一时间响应。例如，在新冠疫情常态化防控疫苗接种中，发挥"一表通"数据仓的作用，筛选疫苗接种适龄人群，通知提醒，靶向到位，精准统计，基本实现接种人群一针都不差，让数据成为基层治理中的第一生产力。

五、启示

"一表通"数据仓2020年底已在杭州上城区全区推广，并于2021年6月在杭州市发布。数据治理、赋能基层，上城区依托一体化平台，实现了省市区三级数据对街道、社区的直接赋能，并且倒逼基层数据治理，解决了原先基层治理"四平台"数据不实的问题，真正做到数据质量就是工作质量。2021年6月，上城区"一表通"数据仓已成为"2021年度全省数字赋能社会治理现代化场景应用项目"中的揭榜挂帅场景。接下来，上城区将在"一表通"数据仓基础上，在闸弄口街道试点开发幸福指数"e"网评、"安心智美"等场景，真正做到线上共享、线下协同、赋智为人、城以智美，以"共同体""智能体"的理念，实现居民对管理无感，对"美好生活·安心度"有感。

（资料来源：杭州市上城区）

案例点评：

大多数数字化场景在内部行政管理和便民惠企领域着力，而"一表通"数据仓关注的是如何为城市服务者赋能。城市社区是城市居民的自治单元，社区工作者正在这个单元中发挥着城市治理神经末梢的作用，他们既是感知端也是处置端。社工的本职是为社区居民做好服务，有更多的时间走家串户，但社工的时间正在被繁复的报表工作占据。"一表通"数据仓的建设初衷即是减少社工数据填报工作量，而其最大的亮点是实现数据从条线部门走向街道社区，实现基层治理直达。"上面千条线，下面一根针"反映出，条线任务会在基层形成统合，当部门任务汇聚到基层之后，需要有一个协同中心将这些任务排兵布阵到多条"一件事"的任务线上，再通过指挥中心协调各个执行单位配合行动。协同指挥的功能需要依托协同指挥平台来实现。

"一表通"数据仓正是这个协同指挥平台的雏形,对表单任务进行汇集重新梳理,重复的数据需求、多头的同质数据需求只需要一次走访即能一次性满足,并通过"一表通"数据仓一次输入后向多线输送数据。"一表通"数据仓解放了社工的时间,使社工能够把更多的精力投入服务事项,让居民在无感的管理中享受到有感的服务。数据的汇聚又为基层治理驾驶舱输送了鲜活的动态数据用以分析、预判和决策,达到了两端同赋能的实效。社工减负小切口走向了基层整体智治的大场景。

姚瑶

浙大城市学院城市大脑研究院、浙大城市学院法学院

"一路见泊位"场景

一、背 景

武林街道位于杭州市拱墅区（原下城区），东至中河路，南到庆春路，西接环城西路，北达环城北路。辖区面积仅 1.18 平方千米，下辖中北、仙林、长寿、安吉、环西、凤麟、竹竿巷 7 个社区，常住人口 43614 人，暂住人口 11806 人，企业 4820 家。辖区面积小，人口稠密。

浙江大学医学院附属儿童医院（以下简称浙大儿保）湖滨院区位于杭州市原下城区竹竿巷，属于三级甲等医院，承担市内及周边省、市的儿童疾病诊疗任务。医院设置 2 处开口，南门所在的竹竿巷、西门所在的广福路均为单行道路，道路狭窄，停车不便。

由于老旧城区用地资源紧张，浙大儿保停车难已经不是短期问题了。周边停车位稀缺，一直困扰着前来看病的广大市民。目前浙大儿保湖滨院区仅南侧有一处包含 235 个车位的临时公共停车场，供就医市民停车。但远远满足不了市民停车需求，经常出现就医车辆排长队，堵塞整个竹竿巷的现象。高峰堵车时排队车辆多达 50 辆，甚至排到医院外围的延安路辅道、庆春路右转车道等城市主干道，对市民就医、城市道路通行造成严重影响。

为破解浙大儿保湖滨院区停车难题，原下城区武林街道在城市大脑区级数字驾驶舱基础上，探索建立了"交通整治＋数字赋能"的城市精细化治理新模式——"一路见泊位"场景。线下，在辖区内主次干道增设了 22 块车位显示屏，让市民出门能"一路见泊位"。此外，在浙大儿保湖滨院区南门安排了 1 名交通管理员，引导车辆有序进出。线上，停车位信息与周边辖区互通，周边 14 个停车场共计 3000 余个停车位实时信息共享，满足了周边的西湖景区、北山街道、天水街道、长庆街道、湖滨街道等方向来车的停车需求，解决了以往各辖区之间停车信息不灵、车位不能互通等问题，实现停车资源的跨区域协同，让抬头可见车位成为杭城一道便民惠民的亮丽风景线。

二、举 措

(一)成立领导小组

武林街道自 2020 年春节起,已展开大量前期工作,街道党工委、办事处专门成立了由街道办事处主任任组长,街道党工委副书记任副组长的项目推进工作领导小组。

(二)建设停车诱导系统

浙大儿保湖滨院区、浙江饭店、都锦生、二轻大厦停车场高峰时段基本处于饱和状态,因此不做主要诱导;嘉里中心毗邻浙大儿保湖滨院区,且有地下通道直连嘉里中心地下停车场与延安路东侧,同时也可以通过庆春路天桥至嘉里中心,因此将嘉里中心作为本次诱导的重点。

2020 年建设初期,停车诱导系统主要服务两类群体:一是前往浙大儿保湖滨院区的车辆;二是进入武林商圈有停车需求的车辆。项目对周边停车场进行摸排升级,将有效停车场接入城市大脑,结合前端停车诱导板等硬件及应用平台对周边停车场进行泊位管理,对有停车需求的车辆提供泊位引导服务(见图 1)。

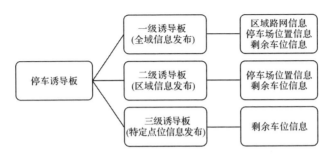

图 1 停车诱导系统

建立停车诱导系统引导就医车辆前往尚有空余泊位的周边社会停车场停车；安排相关人员对浙大儿保湖滨院区大门周边进行严格管控，设置违停抓拍系统，杜绝违章停车；优化现有交通组织，设置临时停靠车位，解决医院门口的临时停靠需求。多种手段齐下，消除了浙大儿保湖滨院区门口车辆长时间排队的现象。

(三)制定设计思路

发布停车信息对驾驶员进行诱导，根据不同的诱导对象，诱导手段可分为两类：引导和疏导。

引导的对象主要为外围路网上的车辆。在车辆进入浙大儿保湖滨院区周边诱导区域后，通过设置的停车诱导板，将车辆引导至有空余泊位的停车场，减少路网内不必要的绕行，缓解浙大儿保湖滨院区周边道路的通行压力。

疏导的对象主要为浙大儿保湖滨院区门口排队入院的车辆。通过在浙大儿保湖滨院区门口容易发生排队拥堵的路段上设置停车诱导板，发布周边停车场位置信息、剩余泊位信息以及此处排队入院所需时间等信息，诱导非必需入院的车辆前往周边停车场泊车，缓解浙大儿保湖滨院区门口拥堵现象。

(四)确定设计原则

停车诱导系统在设计过程中具备以下特点：数据准、路线准、点位准。

数据准：发布的停车场剩余泊位数必须准确，通过每小时系统自动校准，每日人工校准，实现数据准。发布的数据是否准确将直接影响到停车诱导系统的可信度以及诱导力度。

路线准：外场的停车诱导板板面不直接提供前往停车场的路线，但是具备路网内道路位置信息、路名信息、距离信息、方向信息等。设计过程中充分考虑单行道，交叉口禁止左转、禁止右转的情况，确保板面提供的信息可以引导车辆到达停车场。

点位准：停车诱导板的设置点位必须准确，驾驶员从看清板面内容到确定前往停车场后,需要有足够的距离保证其可以选择车道转弯或直行。这要求点位设置必须与交叉口实线段间隔合适距离,避免发生驾驶员观察诱导板选择左转时,车辆已进入交叉口直行道,无法变道的情况。

(五)完善医院周边配套设施及交通管控措施

在浙大儿保湖滨院区西门、南门设置临时停靠泊位,配套标志标线、违停抓拍设备、相关管理人员,禁止车辆长时间停留。浙大儿保湖滨院区周边设有多个社会停车场,其中嘉里中心停车场工作日高峰饱和度不足 5 成,尚有大量停车潜力可以挖掘。在浙大儿保湖滨院区周边路网设置停车诱导板,告知进入区域内的就医车辆周边社会停车场的剩余泊位、位置、路程等信息,同时在医院预约挂号平台界面链接 H5 页面,实现利用高德、百度等常用导航软件将车辆向周边停车场诱导的功能。通过线上线下两种引导手段,双管齐下,解决就医车辆停车问题。

(六)建设停车数据模块

停车数据模块建设主要包含三类内容:(1)线下采集设备建设(在医院下客点、出入口、主路口、停车场门口设置感知设备,采集车辆信息);(2)线上系统模块建设(包括停车指数、泊位指数、延误指数、停车道流情况);(3)展示和触达方式建设(大屏展示、线下停车诱导板数据发布、挂号平台 H5 导航页面和短信推送)。

(七)建设嘉里中心—浙大儿保湖滨院区通道指引标志

通道指引标志主要包含三类内容:(1)车辆进入嘉里中心地下停车场后的指引;(2)泊车后离开嘉里中心前往浙大儿保湖滨院区的指引;(3)就医后离开浙大儿保湖滨院区前往嘉里中心取车的指引。

三、成 效

(一)服务定位提高了

秉承"一个城市、一个大脑"的理念,依托城市大脑市级中枢及区、县

(市)枢纽，以及街道节点的互联互通能力，实现协同治理的跨层级、跨部门数据和业务双协同。在杭州市城市大脑指挥部统一指挥和市改革办等多部门统筹下，使优秀试点场景可复制，实现"场景建设有你我，便民服务不分家"。充分发挥武林街道的地域优势，在武林商圈周边主次干道原有的摄像头杆上，共加装改造46块停车引导屏。其中，一级屏1块，二级屏26块，三级屏19块，牵头打通了2个商圈(武林商圈、湖滨商圈)、3个城区(原下城区、上城区、西湖区)、5个街道(原下城区武林、天水、长庆街道，上城区湖滨街道，西湖区北山街道)，实现了35个停车场10883个泊位(其中原下城区23个停车场8067个泊位)实时在线，方便群众"一路见泊位"，培育出交通跨街道、跨商圈、跨区域的大协同治理场景。

(二)就医排队时间"减少了"

缓解就医拥堵问题，通过智慧引导，让浙大儿保湖滨院区就医车辆排长队的现象一去不复还；在高峰排队期，车辆通行最大幅度可减少时间约50分钟。

(三)城市大脑综合使用效率提升了

通过商医结合，智慧引导，充分发挥城市大脑的品牌效应和街道节点数据的赋能作用，引导企业从"要我去做"到"我要去做"转变，主动拥抱城市大脑。嘉里中心在上午7—10点的就医高峰期，提供专属关爱停车区域约30个，并划设三色专属路线，提供电瓶车接驳服务。"嘉里停车、儿保就医"时间从15分钟缩短到5分钟。在企业提高停车场车位利用率的同时让群众充分感受到政府的暖心服务，实现居民、企业、政府三赢的良好局面。

停车位数据是否准确是实现"智慧出行"的一个关键问题。武林街道通过前期梳理核对，统计出辖区13个停车场共计3131个停车位。但很多情况下计算剩余停车位数量很复杂，比如某些车辆不按划定车位停车，车辆数与车位数不符；再比如拥有多个出入口的停车场，剩余车位数统计也经常会出错。经过技术人员反复研讨、核对每一个数据的准确性，目前有

10个停车场的误差率接近5%,可以提供较为准确的停车信息。

停车诱导系统经过一段时间运行,浙大儿保湖滨院区停车难问题有了较大缓解,同时也发现了一些问题:一是目前部分市民对车辆导流至其他停车场停车配合度不高,不愿意按照导引牌引导停放。二是因设备局限性,停车诱导系统还不够智能化,还需要配合人工引导。三是线上线下联动紧密度低,与导航软件联动以形式为主,不能完全依托数字驾驶舱自动运行。

四、启 示

城市就像人体,交通流量如同血液。在互联网时代,杭州城市大脑赋予了交通治理更科学的协同能力。"城市交通治理该像绣花一样精细。"在当前的城市交通治理中,如何在维护城市秩序的同时,最大限度地兼顾群众和市场主体的需求,是我们努力破解的一项重要课题。城市交通治理要像绣花一样,既要精细精准,又要创意创新,这样才能使市民生活更方便舒心。

同时跨区域协同也代表着智慧交通治理模式的发展,标志着交通管理改革正在走向网络化、数字化、智能化三者的高度融合——智慧化。为更加全面高效应对新时代下交通管理的新问题和新挑战,智慧交通治理模式的建设应当以协同治理理念为指导,通过智能化下交通管理资源的优化,物联化下交通缓堵治理的突破,互联化下公众参与模式的创新,从社会资源协同的多元维度共同发力形成共建、共治、共享的新格局。

"一路见泊位"场景的继续深化基于城市治理视角,提供运营统计、实时监管、统计报表等功能,为管理者提供统一、多样、可视化的管理体验。通过互联网让分散的停车场信息互联互通,打造停车位共享平台,为市民和停车位提供对接服务,实现有限停车资源的优化配置,盘活车位空闲时间,提高停车位的使用率。市民也可以通过 APP,体验实时查找剩余泊位、一键导航等多种现代化智能停车功能,快速准确停车位,实现"停车有位、行车有序"。

相信"一路见泊位"场景在广大市民的支持下，会不断发展提升，合理利用信息化技术手段，真正发挥人工智能、大数据的力量，给市民带来更好的体验。

（资料来源：杭州市拱墅区和原下城区）

案例点评：

利用大数据分析、数据挖掘和人工智能技术来提高城市的治理和运行效率是城市大脑的实践目的。交通拥堵是城市运行效率低下的最直接体现，智慧城市和城市大脑的研究往往发端于此。而停车难问题是加剧城市医院、学校、商圈等热点位置交通拥堵问题的一个主要因素；"一路见泊位"场景直击问题痛点，把采集的准确车位信息，通过多系统耦合实时提供给市民，沟通停车供求两端，实践中有效提高了相关区域的停车效率。

"一路见泊位"场景为城市大脑研究提供了两个值得借鉴的经验：其一，数据采集问题。大数据分析的基础是准确的任务相关数据，该场景的停车位数据源存在多源、异构、有缺失等特征，数据融合很关键。其二，信息有效送达和用户信任问题。与常用导航软件耦合、加大宣传力度使导航到所示停车场成为习惯停车方式。

王贵

浙大城市学院城市大脑研究院、浙大城市学院计算机与计算科学学院

"未来枢纽"场景

一、背 景

杭州火车东站作为亚洲最大的交通枢纽之一,是浙江"第一门户"、杭州的"东大门",也是接轨上海、连接苏南、辐射浙江各地的中心节点和桥头堡。新站房始建于 2008 年 12 月 27 日,于 2013 年 7 月 1 日正式启用,建筑总面积约 122 万平方米,东西跨度 1000 余米,站场规模为 18 站台 34 线(含预留磁悬浮 3 台 4 线)。开站以来,杭州火车东站铁路到发客流累计达 6.92 亿人次。

(一)通道、出入口繁多

杭州火车东站共有南北 10 个出站口(14 个开口),7 个地铁出入口,30 余个开放性出入口,出租车通道、公交车道、自动扶梯、直达电梯等各种通道 50 余处。

(二)交通工具多样化

杭州火车东站内汇集了高铁、普速列车、地铁、公交车、出租车(网约车)、长途汽车等多种交通方式。

(三)泊位利用率失衡

地下层拥有停车位 3700 多个,西区地面二期有停车位 560 余个。西区地下停车位基本无空余,东区地下停车位空置率为 20% 左右,西区地面二期停车位空置率达 80%。地下停车场实行停车不满 30 分钟免费离场的优惠措施,西区地面二期停车场实行停车不满 15 分钟免费离场的优惠措施,停车场业主单位为杭州钱江新城资产经营管理投资有限公司。

(四)周边交通压力大

站体西北侧的新风路、天城路、王家井上匝道交会处车流、人流密集,是比较典型的拥堵点,平峰时通行耗时约5分钟,高峰时通行耗时约20分钟;站体东南面的新塘路上匝道基本处于畅通状态。

(五)客流攀升节节高

2018年全年总换乘客流达22457万人次,2019年清明小长假3天总换乘客流279万人次,2019年五一小长假4天换乘客流406万人次。杭州火车东站计划日常运营所能承受的客流转换量为30万人次,高峰期客流容量35万人次。2019年清明节首日,铁路发送客流30.7万人次,达到历史新高。同年5月4日,铁路到发旅客55.09万人次,打破4月5日创下的铁路到发旅客纪录(52.68万人次)。2018—2019年清明与五一小长假客流情况详见表1。

表1　2018—2019年清明与五一小长假客流情况

交通方式	2018年/人次	2019年/人次	环比/%
铁路到达	647976	974570	50.40
铁路发送	914509	1085537	18.70
地铁进站	585544	750546	28.18
地铁出站	530185	654290	23.41
公交输出	24364	24876	2.10
公交输送	355762	383760	7.87
出租车输出	91074	112376	23.39
私家车车次	43130	40327	−6.50
旅游大巴输出	11557	9629	−16.68
机场巴士输出	10977	13928	26.88
长途汽车输出	19484	19473	−0.06

注:2018年统计时间段是2018年4月28日至5月2日,2019年统计时间段是2019年5月1日至5月4日。

随着客流逐年攀升,杭州火车东站呈现"人多、车多、事多"的"三多"特征,导致快进快出、安全保障、环境维护等方面的压力越来越大,旅客出行满意度、幸福感亟待提升。

二、举措

2019 年,中共浙江省委改革委提出,要以杭州火车东站服务大提升为当头炮,加快推动"最多跑一次"改革向公共场所延伸扩面。围绕群众呼声与诉求,杭州火车东站聚焦打造最快捷、最民生、最智慧、最国际、最杭州的"未来枢纽"目标,连续推出 51 项改革提升项目,着力构建省市区三级联动机制、打破路地管理边界,将杭州火车东站当作城市大脑系统集成应用的试验场,以数字赋能提升杭州火车东站服务的协同性和便捷性。

(一)首创数字旅游专线,赋能景区直达

2018 年,到访杭州的游客为 1.8 亿人次,过夜游客 6800 万人次,乘火车抵达的游客约占 31%。2019 年初,杭州市文旅局采用电子围栏(在 250 米×250 米的网格内停留超过 30 分钟即将其视为该访客的首站)收集到达杭州火车东站的访客去向,首站区域集中在湖滨商圈和酒店、机场;景点方面以西湖和宋城居多(见图 1)。

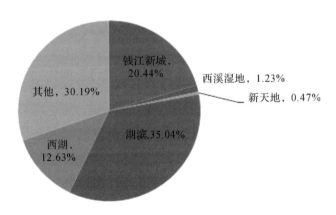

图 1 访客首站前往地分布情况

从城市大脑"让城市会思考,让生活更美好"的初衷出发,将城市大脑数字化治理的大数据优势同乘客"快进快出"的管理需求相结合,杭州东站枢纽管委会与市文旅局、市公交集团协作,首创精准输出旅客模式——数字旅游专线,把旅客快速、精准、便捷地一站式送达目的地。数字旅游专线于 2019 年五一小长假首次开通,2020 年从杭州火车东站发出的数字旅游专线有 3 条(西湖 1 号线、2 号线,临安吴越风 6 号线),累计服务旅客已达34 万人次。

数字旅游专线是以数字化服务和体验为基础,在传统的交通基础上加上互联网,并整合多个旅游要素(行、住、食、游、购、娱)而形成的数字旅游产品。其核心功能可以归纳为:游客从哪里来,数据平台来摸底;游客怎么来,数字旅游专线一键预订;游客怎么玩,数字平台做保障;游客怎么说,数字平台来监测。目前已经开通的数字旅游专线以杭州城市大脑为基础,以三个在线(车辆在线、游客在线、服务在线)为架构,通过为旅客提供便捷的信息化服务,大大节省了旅客出行时间,助力多游一小时。

(二)加载先离场后付费,赋能快捷出库

在城市大脑的支撑下,梳理了东西区地下停车场、西区地面二期停车场车位数和车位利用率等指标:泊位总数达到 4801 个,泊位开放率达100%。通过提升改造停车场,重置了 360 块外围交通及停车场引导牌;挖掘车位资源,开放了 631 个闲置车位、西区地下停车场扩容新增车位 503个;实施地下停车场 30 分钟免停等举措,均衡东西区地下停车场泊位指数,解决杭州火车东站停车难问题,有效缓解了路面违停压力;通过实施"先离场后付费",实现出场车辆 5 秒快速离场,出场效率提高 6 倍,现金收费通道也从 20 个减少到 4 个。此外,通过对停车数据的深度分析,实时掌握东西区地下停车场停车饱和度波动情况和出场效率,便于及时优化引导。在新冠疫情防控期间,"先离场后付费"场景使得出场不用排队,大大缩短了停车场逗留时间,避免开窗面对面支付产生的接触感染风险。

(三)接入周边交通信息,赋能顺畅出行

因站体西面靠近市区,造成车流、人流西多东少,人车混流,路面拥堵。

一是借力城市大脑,与高德、百度等导航软件协同,智能优先推送东进站路线,高峰时段人工协同推送进站路线。目前东西匝道车流比从原有的4∶6优化为4.5∶5.5,日均均衡车流量约5000辆次。二是结合周边交通延误指数数据,调取延误指数较大道路的周边监控,与交警配合,及时疏通堵点,让车子动起来。

(四)连接智慧电梯数据,赋能安全监管

站体内属地方管理的17台垂梯已全部接入城市大脑,可在线感知电梯运行状态和不文明行为等,增加安全系数。针对电梯困人事件能够做到就近协同救援,平均救援时间缩短至8分20秒,同时启动视频对讲疏导功能,安抚被困人员等待中的紧张恐惧情绪。

(五)上线垃圾计量清运,赋能环境治理

上线垃圾计量清运场景:一是理清垃圾源头,明确88%的垃圾量来自运行列车,便于精准管控。二是可以在线动态指导杭州火车东站垃圾分类、计量、处理工作,实现垃圾零增量。三是强化垃圾分类宣传教育功能,督促旅客和工作人员养成垃圾分类的良好习惯,使垃圾分类成为杭州火车东站新时尚。

三、成 效

2019年12月30日下午,在杭州城市大脑2019年度总结发布会上,原江干区发布了城市大脑·东站枢纽综合应用场景,这意味着杭州东站枢纽综合应用场景得到杭州市城市大脑专家、专班的认可,正式亮相杭州城市大脑2050展厅,该场景也在2020年入选了省观星台优秀应用和省城市大脑应用优秀案例。

城市大脑·东站枢纽综合应用场景1.0版主要是把杭州火车东站一些零散的数据采集、整合起来。具体而言,通过行车、停车、乘车、安全、环境等5方面场景的综合应用,进一步数清家底,初步实现资源配置合理化、

旅客出行便捷化、主体管控高效化，"快进快出"功能整体展现，日常管理工作从被动管控切换为主动出击。特别是点对点精准输出的数字旅游专线西湖1号线和2号线，很受南京、上海等地有需求旅客的欢迎，使游客畅享杭州西湖周边一日往返游的数字出行红利，不仅单程为旅客平均节省30—40分钟的在途时间，同时提高了西湖周边小众旅游景点的知名度，并均衡了西湖周边旅游资源。

通过城市大脑数字赋能，智慧服务在杭州火车东站跑出"加速度"。2020年铁路到发客流超过上海虹桥，位居长三角第1位、全国第2位，且旅客进出站耗时也在下降。2020年底，杭州火车东站旅客进站平均用时从17.9分钟降至13.7分钟，同比下降23.6%，其中乘坐私家车及出租车的旅客进站用时从8.1分钟降至4.2分钟，同比下降48.6%。旅客出站平均用时从25.0分钟降至15.4分钟，同比下降38.5%，其中旅客出站后可单向免检换乘地铁，离站用时从23.9分钟降至14.3分钟，同比下降40.3%；出租车通道改造后，旅客离站时间也从32.8分钟降至19.5分钟，同比下降40.4%。杭州火车东站至杭州主要目的地一次直达的平均在途时间同比减少35%，旅客预留候车时间从51分钟降至34分钟，改革成效获得92%的群众点赞，生动展示了数字化改革的无限可能。

四、启　示

城市大脑对促进杭州火车东站智慧治理、旅客美好出行起到了重要作用，但城市大脑·东站枢纽综合应用场景的进一步开发仍然存在三方面困难。一是数据协同涉及面广，仅辖区内涉及执法管理、运营保障、反恐处突的单位就有24家，同心圆单位更是多达50家，进行全面的数据整合存在难度。二是数据协同层级受限，杭州东站枢纽管委会的行政级别为区政府派出单位，需要协调辖区内上海铁路局所属单位5家、杭州市所属单位12家、萧山机场所属单位1家，数据协同往往心有余而力不足。三是数据协同交互受限，由于铁路区域及铁路数据的特殊性，即便高成本投入也很难实现数据共享。

下一步,按照"整体智治、高效协同"理念,在现有城市大脑·东站枢纽场景的基础上,在各方协同下,杭州火车东站将继续攻坚克难,立足旅客服务、管理应用、内部增效三大场景,围绕站体物联、运营监管、执法联动、服务协同、办公互通等五大系统,积极构建城市大脑升级版即东站智脑,为打造数字治理"第一站"夯基垒台、立柱架梁。通过智脑建设,实现对人流、车流的实时监控、有效引导,促进各类资源要素高效配置,形成一套体系完整、科学实用的"未来枢纽"建设样本,让旅客出行更顺畅、民生服务更温馨、车站保障更安心,助推城市整体智治。此外,其不仅可以移植应用于杭州南站、西站等新枢纽建设,也能为高铁 2.0 时代全国高铁枢纽建设提供浙江方案。

(资料来源:杭州东站枢纽管理委员会)

案例点评:

杭州火车东站是第三代特大枢纽的典型代表——嵌在城市中的枢纽站,具有站体大、功能集成、人流密、管理主体庞杂等特点。在新冠疫情防控时期是输入病例防控的关键卡口。杭州东站枢纽管委会作为杭州火车东站综合管理部门,需同时监测和管理 7 层站体的人和事件,协调 54 家管理协作单位,对接 10 种交通接驳方式,在火车东站管理中发挥着中枢作用。杭州东站枢纽管委会正在利用机器智能解放数据的生产力。从信息化到数字化的变革体现的是治理能力的变革。杭州火车东站各个管理部门及运营单位都建有信息系统,积累起大量的站体基本数据、运营数据、感知数据以及相关部门辖区企业、经营户、旅客的个人信息。这些数据分散在各个层级、各个部门、政府和企业端,虽然已被掌握,但是应用的范围局限在各个单位的管辖范围内,即使汇聚在同一平台,依旧是静态的数据。静态数据能够分析总结过去,但监测当下、预测未来的能力是极其有限的。

因此,通过场景让实时数据在所需部门、所需企业的数字化界面上可视、让使用者可感,可以将动态数据应用到治理场域中。杭州火车东站枢纽管委会通过"智慧交通一路畅行""无杆停车一气呵成""路地融合一网管控""智慧服务一线解忧"等场景的推进,将管理事项和服务事项以"一件事"集成的逻辑进行了流程再造，理顺了各部门之间的协同关系，创新了枢纽区域跨领域、跨地区、跨部门、跨层级、跨业务、跨隶属关系的治理协同机制。杭州火车东站"数字孪生"系统正在将成站以来几代管理者的经验输入系统的"大脑"，让人的经验通过机器智能发挥更大的治理效能。未来枢纽的传奇还在谱写新的篇章。

姚瑶

浙大城市学院城市大脑研究院、浙大城市学院法学院

"城市眼·云共治"场景

一、背 景

大数据作为国家战略,正日益成为推动国家治理体系和治理能力现代化的核心驱动力。2020 年 3 月,习近平总书记在调研杭州城市大脑时提出"运用大数据、云计算等前沿技术推动城市管理手段、管理模式、管理理念创新,从数字化到智能化再到智慧化,让城市更聪明一些、更智慧一些,是推动城市治理体系和治理能力现代化的必由之路,前景广阔"。"城市眼·云共治"作为数字赋能基层社会治理的典型应用,以城市管理中问题发现不及时、处置效率低、有效取证难等问题为导向,充分利用城市海量的视频数据,通过人工智能视频识别的技术,打造"智能＋共治"的社会治理模式。

2017 年,拱墅区委、区政府在小河街道试点实施基层智慧治理模式。小河街道在试点探索过程中,首先尝试对出店经营、游商摊贩、共享单车乱停等城市顽疾治理进行突破。由此,提出了社区、物业、业委会、商家、房东、行政执法等力量共同来治理的"街域自治"模式。

但在讨论和现实运行中,发现这一模式存在三个难以回避的问题:一是发现的及时性问题。发现问题是前提,而这一类情况量大面广,随时发生,且城管执法力量有限、巡查时间有限,因此存在如何在第一时间发现的难题。二是监管的经常性问题。这些问题之所以称为顽疾,关键在于屡管屡犯,屡禁不止,自律和自治是管出来的,再好的模式没有第一时间公开透明的监管也难以实现。三是取证的有效性问题。在日常执法与监管过程中,常会存在与商家和摊贩对违规事实的争议,缺少相关事实证据或取得证据难度较大的问题。

因此，杭州拱墅区在小河街道试点着手寻找与之相匹配的智慧应用技术。2017 年 10 月，小河街道与中电海康集团有限公司对接，将 AI 行为识别分析系统与线下多方共治相融合，走通逻辑，并在小河社区和美弄区域进行试点。2018 年 6 月起，"城市眼·云共治"场景在小河街道重点区域推开，9 个社区全面运行。2019 年 6 月，全区 10 个街道推广落地。

二、举 措

（一）聚焦功能增加，着力拓展"城市眼·云共治"覆盖面

1. 重视新场景的开发培育

从 2018 年下半年开始，拱墅区针对城市治理中仅靠传统人力、发现问题不及时不全面等问题，探索出一套以"摄像头自动采集＋云边计算＋线下共治"为核心内容的"城市眼·云共治"智能治理体系。通过前端抓取—算法识别—平台推送—终端自纠—协调处置—执法保障—态势分析—综合施策等八个关键环节，构建对游商经营、出店经营、垃圾堆放等 11 类场景的识别、处置和反馈全流程闭环处置机制。2019 年上半年，在总结前期小河街道 11 个城市管理类场景试点经验的基础上，积极鼓励各街道和有关职能部门加强探索拓展，并确定对 10 余个场景予以重点培育、跟踪。2020 年以来，以开展数字治理赛为抓手，进一步调动各街道和有关部门的积极性，结合业务需求不断探索开发新的应用场景。通过多部门通力合作，加强技术攻关，推动工作进度加快，目前住安宝、智慧用电、保健品会销监管、电梯智慧安全监管、敏感场所监管、护校安园等近 20 个场景已基本完成开发建设。

2. 抓好成熟场景复制推广工作

坚持成熟一个，复制推广一个。2020 年 9 月，经拱墅区领导研究同意，明确已完成开发任务、有复制实效的 9 个项目在全区推广。2020 年 7 月，按照拱墅区委领导的调研指示要求，第一时间研究各单位的探索创新情况，点对点分析各场景接入的可行性和可推广性，确定新接入"城市眼·

云共治"10 个场景,逐步面向全区推广应用。其中,住安宝覆盖 111 幢老旧房屋;河道地下管网智慧监管接入河道排放口 50 个,井盖 100 个;学校阳光厨房接入 39 家设备;敏感场所安全监管接入 37 路监控;电梯智慧监管接入 9972 台电梯数据。

3. 积极打造瓜山未来社区综合示范点

依托瓜山未来社区试点建设,积极推进"城市眼·云共治"系列场景在瓜山未来社区的落地。2020 年底,机动车违停、护校安园、食安慧眼等 15 个"城市眼·云共治"场景已在瓜山未来社区落地应用,共接入 94 路监控点位,235 个智慧用电监测设备,努力把瓜山未来社区打造成"城市眼·云共治"的综合示范点。

(二)聚焦平台优化,着力提升"城市眼·云共治"精准度

1. 不断加密扁平化、全方位的"城市眼"网络

整合公安、城管、综治等现有的高清监控,将其接入"城市眼·云共治"智能应用系统,通过升级 AI 智能识别功能,形成覆盖拱墅区的扁平化监管网络。2020 年以来,新增接入 400 路视频监控,实现全区重点区域"零"遗漏,难点区域"强"监管;进一步优化系统识别算法模型,充分利用人工智能技术,提高各类事件识别的时效性和准确性,力争发现问题的准确率有所提升。

2. 积极打造一体化、可联动的指挥平台

构建前端事件可视化呈现,各方力量实时定位,事件指挥扁平化的区、街、社三级体系,拓展信息展示、数据研判、决策辅助、预测预警等功能。通过与城市大脑、基层治理四个平台互通互联,并有效融合"钉钉"实时通信系统,实现各部门数据共享,满足精准调度指挥的需求。同时,有效整合区内智慧应用场景,打造应用场景综合管理平台,尽快形成实战功能。在 1.0 版本基础上,2020 年 6 月,"城市眼·云共治"2.0 版上线运行,设定了城市管理、治安管理、应急管理、市场监管四个模块,实现了围墙内外各类事件告警、处置、数据分析等多个功能"一指汇通"。

3. 努力构建高效、精准的研判体系

一方面,针对市民关注的热点难点问题,运用大数据技术进行数据提

取和管理密度的关联性分析，为城市管理工作提供基础数据支持，提早介入，有效减少群众投诉；另一方面，面对"久治不愈"的城市管理顽疾，紧盯问题高发时段和高发区域，有效组织开展集中整治。截至 2020 年底，拱墅区利用"城市眼·云共治"智能治理体系及时主动发现人群聚集情况，共报警 2 万余次。

（三）聚焦减员增效，着力深化共建共治共享的社会治理新格局

1. 积极开展数字治理赛

围绕拱墅区委提出的"深化数字治理，把人力低效减下来"的工作目标，牵头开展数字治理赛，及时制定专项工作方案和考核细则，多次召开专题会议推进数字治理工作。建立进度通报、晾晒制度，搭建钉钉晾晒台，通过"五个比"对各项具体任务进展情况进行定期通报晾晒，实时展示工作进度，并进行百分制排名，营造比学赶超的浓厚氛围，推动各街道把"城市眼·云共治"应用作为日常工作的一部分。

2. 统筹构建统一共治机制

推动各应用场景建立统一的共治闭环机制，出台了《拱墅区"城市眼·云共治"应用场景统一共治机制》，逐步形成用场景统一建立线上发现问题、告警提示，线下处置问题、信息回传的共治闭环机制，不断提升事件处置率、共治率。通过流程再造，打通领导、指挥中心、一线队员之间的任务下派和反馈流程，提高事件处置率和共治率，着力构建市民、企业、行业、政府等多元主体共同参与、线上线下互动的社会治理新格局。

三、成 效

通过一段时间的试点、推广、再试点，"城市眼·云共治"运用互联网技术和信息化手段，构建了统一的运行机制，建成了数据算力更强的共治系统，组建了共治队伍，形成了一套行之有效的基层共治流程、标准工作规范，使拱墅区的基层治理展现出新的成果。

(一)区级场景综合平台初步形成

截至 2020 年底,平台视频接入总量 2079 个,传感器接入总量 3088 个,30 个场景,初步形成"覆盖从围墙外向围墙内延伸、功能从城市管理向社会治理拓展"的场景综合平台。

(二)市域治理智能化水平不断提升

以街道为第一指挥平台,以社区甚至一条街巷为处置网格单元,"城市眼·云共治"采集到的问题第一时间交办,减少指挥层级,精准化调整网格力量,推动市域治理决策更加科学。现有视频监控问题识别准确率达 93%,2020 年各事件处置率达 95% 以上。

(三)基层多元共治格局不断完善

突破了基层市域治理主体过于单一,片面依赖行政主导的局限性,推动沿街商户、小区物业等主体由"被动管理"向"主动参与"转变。拱墅区已组建以街道为单位的共治团队 10 个,以社区为单位的基层共治微信群 102 个,成员达 4500 余人,其中 87% 由商家、物业等非行政管理人员组成。完成重点路段一店一档梳理 8000 余家。2020 年各事件共治率达 90% 以上。

此外,"城市眼·云共治"在杭州城市大脑发布后,作为重点应用在杭州市推广,成功入选浙江省城市大脑(智慧城市)场景应用优秀典型案例。小河街道的"城市眼·云共治"获评 2020 全国政法智能化建设优秀创新案例,"城市眼·云共治"小河网驿基层社会数字治理得到省市主要领导的批示肯定,并多次被《人民日报》《杭州日报》等各级媒体宣传报道。

四、启 示

(一)进一步加强项目顶层谋划

"城市眼·云共治"已成为拱墅区数字治理的一个品牌,省、市领导多次调研后对其寄予厚望,提出明确要求。要着眼助推城市治理体系和治理能力现代化,提高站位,开拓思路,加强顶层设计,把为基层治理服务和为民生服务作为"城市眼·云共治"建设的总目标;加强工作统筹,在场景开发、项目资金、人员力量等方面做到全区"一盘棋",努力建设更加智能化、精准化的智能直达平台。

(二)进一步调动各单位积极性

开发建设"城市眼·云共治"是为了解决工作中遇到的难题,而工作难题在有关部门、街道。所以要加强培养基层干部用数据思维、数字技术破解难题、化解矛盾、服务群众的意识和能力,更好调动各职能部门和街道的积极性,鼓励部门、街道的干部根据自己的业务需求大胆开发建设各类智慧应用场景,在各部门、各领域形成浓厚的探索创新氛围。

(三)进一步加大技术研发力度

与"城市眼·云共治"技术研发单位加强沟通协调,多方式督促其增加技术力量,或适时调整技术合作单位,切实提高技术开发效率和水平,快速提升违规事件的识别精度,同时优化事件流转、处置闭环等各个环节的操作功能,实现从发现事件到处置完成的全流程自动化和智能化。此外,不断提高大数据分析能力,强化对已掌握数据的深度分析,为资源配置和智慧决策提供数据支撑。

(四)进一步抓实推广应用工作

继续通过组织数字治理赛,引导各街道牢固树立责任意识,把"城市眼·云共治"的应用、处置作为一项日常工作抓实抓好。相关业务部门分别做好对各类事件处置的指导和考核、处置环节调整优化等工作。同时,要加强总结提炼,加大宣传力度,使"城市眼·云共治"成为人人皆知、人人使用的工作载体,形成有特色、可推广的基层智治、共治经验,为拱墅区建设基层数字治理示范区、打造新型智慧城市"重要窗口"提供工作样本。

(资料来源:杭州市拱墅区)

案例点评：

智慧城市是一个通过各种手段(主要是物理感知系统)收集城市数据，用大数据方法处理数据(主要是数据挖掘)，进而为城市提供数据服务的系统，其目的是实现城市的数字化管理并提高社会数字治理水平。有了这个系统，能更及时发现问题，及时解决问题，及时识别问题，更重要的在于数据挖掘后，可以预测未来，以预测辅助决策，大幅度提升决策水平。"城市眼·云共治"目前已经具备了这一基本架构，并按照大数据的逻辑运行，对城市的感知更加全面，对问题的发现和解决更加精准和及时。我们相信，长期积累数据后，必然能通过数据融通，发现现象之间的相关性，具备越来越扎实的预测和预警能力，进一步提高决策水平。需要指出的是，城市管理和社会治理的最终目标是提高城市运行效率和服务水平，最终让市民生活得更美好。因此，"城市眼"的未来发展方向也是清晰的，那就是以数字化的方式无缝隙对接市民，以无组织的方式协调多方的利益和关系，这是数字治理的真谛。

吴伟强

浙大城市学院城市大脑研究院、浙江工业大学

"数智考评"场景

一、背 景

党的十九届五中全会明确提出"加强数字社会、数字政府建设,提升公共服务、社会治理等数字化智能化水平"。浙江省数字化改革推进大会提出"构建形成全局一屏掌控、政令一键智达、执行一贯到底、服务一网通办、监督一览无余的数字化协同工作场景"。时任浙江省委书记袁家军强调"运用数字赋能,努力推动党政机关实现职能优化、方式转变、作风提升"。

拱墅区瞄准"围绕中心、建设队伍、服务群众"的核心任务,坚持以"小切口、大场景、全闭环"为导向,依托城市大脑中枢系统,建设具有汇总、展示、分析、评价、运用"五位一体"功能的拱墅区"数智考评"整体智治系统和数字驾驶舱,探索归集各类综合考评、机关服务基层数据,推动实现数据集成化、机关党建数字化和信息预警场景化,以数字赋能综合考评,提升考评绩效和机关效能,实现党建统领党政机关整体智治。

拱墅区坚持管理与服务并重理念,在"数智考评"整体智治系统和数字驾驶舱中,科学设置考评作战场景、综合考评体系、机关服务基层三部分共计18个应用场景,实现核心业务指标化、业务指标数字化、数字应用智治化。考评作战场景全面梳理了争先创优、督考联动、绩效反馈等板块,对专项工作、六大行动、创新创优、满意度评价等综合考评核心业务进行可视化展示和精准闭环管理,设置通知公告、考评通报、督查通知和绩效预警,加强督办管理,通过牵头单位绩效指数、考评结果及报告两部分强化结果运用;综合考评体系梳理了重点攻坚、日常履职、创新创优、满意度评价四大核心业务,设置主要经济指标、转型升级攻坚指标、高质量发展、打造国际一流营商环境等九类考评指标子菜单,通过数据归集分析,对考评指标进展情况进行过程管理,推动综合考评工作争先进位;机关服务基层打造服务中心、服务企业、服务民生"三榜问效"体系,为各单位精准有力推动机关服务基层工作提供导航服务,推动"三联三领三服务"工作落地见效。

在机关服务基层具体实践中,存在的难点问题有三:一是从服务对象需求角度看,存在机关资源和服务信息不对称的情况,须回答好机关资源与基层需求如何匹配,让服务跟着需求走的问题。二是从机关工委推动角度看,存在机关党员下沉社区、服务专员下沉企业后教育管理跟不上、服务绩效难体现的情况,须回答好如何有效加强全过程教育管理与服务绩效汇总、展示、运用的问题。三是从机关党员落实角度看,存在自身资源受限、基层公共服务能力不足的情况,须回答好数字化如何赋能党员服务,联动协同机关资源如何推动基层治理的问题。为回答好这三大问题,我们在区"数智考评"整体智治系统和数字驾驶舱中,创新打造机关服务基层数字化平台,深度联动杭州市委的"民呼我为""助万企、帮万户"活动和拱墅区委"三联三领三服务"工作,推动党员深入一线服务基层,进一步提升考评指标,优化营商环境,提高社会满意度,有效推动综合考评工作提质增效。

二、举 措

(一)"一屏掌控",靶向发力联动机关服务资源

拱墅区是浙江省机关党建工作重点联系点和浙江省六级"结对联建"工作试点,在浙江省机关党建座谈会上发言交流经验做法。依托党建共建,联合70家省、市直单位机关,313家党组织,共同成立"运河红盟"。拱墅区56个机关部门下沉至18个街道、170个社区,加大机关服务基层力度。基于机关资源和基层需求"两张清单"制度,结对省市机关党组织,全区2874名机关党员匹配至732个网格,252名机关党员兼职委员匹配至社区,971名机关党员企服专员匹配至全区规上企业,提供个性化、菜单式服务,形成机关资源清单。根据供需"两张清单",拱墅区以需求为导向,发

挥双向对接作用，在机关服务基层模块中，科学设置墅创堡垒、墅看蝶变、墅智分析、墅读组工四大板块，构建组织体系、项目体系、绩效体系、绩效预警子菜单，进行助力项目指数和助力绩效指数分析，开设拱墅"机关党员服务码"，形成"四板块三体系二指数一码通"架构。

（二）"一键智达"，流程再造提升服务基层绩效

根据数字化改革的要求和机关考评、机关服务基层的实际，进行流程再造。变"被动处理"为"主动问需"，企业及群众可通过区基层治理、区企业服务等平台反映诉求，拱墅区机关党组织对平台交办的问题进行办理反馈、闭环处理，机关党员对"三服务"走访调研中发现的问题进行协办跟进；变"单兵作战"为"协同作战"，联动杭州市"数智考评"、西湖先锋、区基层治理、区企业服务等平台，动态获取拱墅区机关党组织和党员的基本信息，基层走访、诉求办结等方面的现有数据，推动系统互通、数据共享、管理协同；变"末端解决"为"前端服务"，通过墅智分析，聚焦机关服务基层中反映最集中、最强烈、最突出的问题，打造8支由发改经信局、住建局等机关党员组成的专业服务队协同解决问题。

（三）"一码通办"，制度重塑实现服务精准管理

系统设置拱墅"绩效服务码"，扫码进入数字驾驶舱、各服务基层平台和整体智治系统，在线了解综合考评指标推动及任务完成情况，协同机关党员专业服务队推动基层问题快速解决，实现管理与服务"一码通办"。通过"阿里云"实时抓取联动平台中综合考评指标、创新创优工作、机关服务基层协调破难、满意度评价等相关数据，推动综合考评和服务管理从模糊的定性评价向精准数据画像转变，有力促进治理精准化和服务智慧化。数据按权限开放，为各级"机长"精准有效驾驶提供导航参考，推动各机关单位优化综合考评、强化绩效管理。发挥技术赋能与制度赋能的叠加效应，以数字化驱动制度重塑，健全专班推动、联建共建、协同办理、闭环管理、绩效预警、争先创优"六大机制"，把服务绩效与打造"党建双强"、创建过硬支部、"两优一先"评比等工作相结合，提升机关党建的科学化水平。

三、成 效

"数智考评"场景通过数据汇总、展示、分析、评价、运用"五位一体"的整体智治,有效提升了机关综合考评质效,精准助力基层治理,实现了综合考评和机关服务基层制度的数字化发展,实现了对综合考评和机关服务基层工作的过程化监管,成为提升效能的"助推器"、助力基层的"新引擎",是数字赋能综合考评和机关服务基层的重大创新和经典案例。该场景于2021年10月获评全国第三届党建创新成果"百优案例",并纳入《全国基层党建创新典型案例(第三辑)》进行经验推广;2020年10月获评"第九轮浙江省机关党建工作最佳创新成果"。

"数智考评"场景上线以来,拱墅区各单位营商环境持续优化,社会评价满意度稳步提升,推动了综合考评工作提质增效。参与一线服务的机关党员普遍感到,该场景有效打破了不同平台之间的数据壁垒,为协同机关资源服务基层群众、助力基层治理提供了便捷,让每位党员能够随时在线,打通了机关服务群众的"最后一公里",凝心聚力推动民生实事落到实处。

四、启 示

(一)"数字＋考评"能有效实现综合考评工作的可视化展示,精准闭环管理

该场景实现了综合考评工作数字化,对拱墅区综合考评、机关服务基层工作进行动态展示、实时感知和分析预警,做到"电子留痕"、全周期管理、全过程联动,有效破解了以往在综合考评工作中看不见、摸不着、推不动、管不了的问题,实现精准闭环管理。

(二)"制度＋技术"能有效助力机关综合考评的智能化变革,集聚数智资源

该场景主要建立在机关综合考评工作机制和"三联三领三服务"工作

制度的基础上，同时又运用了大数据技术，从而使得综合考评和机关服务基层"可监测、会预警、善分析、能指挥"，有利于深入推进机关综合考评、基层治理的智能化变革。通过"一表生成"考评汇总，提高了机关效能。

(三)"联动＋协同"能有效整合基层智治平台的数据资源，实现融合共享

该场景与已有系统联动和协同，全面整合平台资源，实现系统互通、数据共享、力量统筹。通过动态获取各大平台的现有数据，基本实现了系统协同、数据协同、部门协同，解决了机关资源和基层需求不对称的问题，同时联动平台进行跟踪问效，进一步提高了问题解决率和基层满意率。

(四)"靶向＋精准"能有效提升问题矛盾化解的科学化水平，全程跟踪督办

该场景实现了全方位、立体化、全过程、精准化的管理和监督，推动各级单位第一时间源头发现问题、源头多方协同、源头化解矛盾，有力促进了基层治理精准化和便民服务智慧化。在此基础上，将线上数据与线下推动相结合，开展协同督办、过程管控，提升了工作的科学化水平。

(五)"数据＋决策"能有效推动绩效管理向绩效治理转变，汇聚发展动能

该场景人性化、系统化、智能化，为各级领导生成各种一手、全面和形象的数据，帮助各单位及时发现绩效管理过程中遇到的困难和问题，让机关多作为，让党员多担当，让数据多跑路，有助于各级领导进行决策部署和采取有效的工作举措，也有助于各单位运用系统来指导改进工作。

(六)"线上＋线下"能有效提升机关服务的质量效能，凝聚共建力量

该场景通过"线上系统＋线下服务"相结合，使得机关党员直接参与中心工作推进、企业对口服务、社区一线服务等工作，打造部门工作的"基层

窗口"。各单位通过"数智考评"整体智治系统和数字驾驶舱按权限了解工作进展,联动协作,分级破难,更好地激励履责担责,促进机关和基层双向互动。

(资料来源:杭州市拱墅区)

案例点评:

提高智能化治理水平是中央对于治理现代化的重要要求,也是浙江省数字化改革的重要方向。如何通过数字赋能进一步提升党政机关的服务效能,实现整体智治中党政机关的职能优化,直接影响着党的群众路线和执政能力水平。"数智考评"整体智治系统和数字驾驶舱通过实现核心业务指标化、业务指标数字化、数字应用智治化,为机关综合考评质效提升提供了系统性支撑,助推综合考评和机关服务基层工作的监管数字化转型。"数智考评"体现了数字化党建工作对于机关服务资源的联动调度优势,发挥了流程再造对于机关服务基层的效能提升优势,驱动了智慧化考评对于精准管理的制度重塑。

在现有的"数智考评"基础上,未来如何进一步发挥考评对于提升党政机关效能的作用,还需要从多层面进行考虑:在需求与资源匹配层面,要进一步根据基层需求清单优化机关资源清单,在加强专业服务队伍建设中,实现机关资源的供给侧结构性改革;在服务与管理协调层面,要合理评估数据算法的可靠性和评价模型的不完全性,在服务绩效反馈中,实现技术赋能和制度赋能的互补效应;在落实民生实事层面,要通过考评智能化变革推动基层服务科学化水平提升,进一步提高问题解决率和基层满意度。

应腾

浙大城市学院城市大脑研究院、浙大城市学院马克思主义学院

"城市安全综合监管"场景

一、背 景

西湖区面积312平方千米,有将近200个社区和村,在杭州主城区中是面积最大、村社数最多的。除这两个鲜明的特点外,居住人口多、住宅小区多,其中老旧小区和安全隐患突出的小区较多等特点也非常明显,而且随着岁月的流逝,这给安全管理带来巨大压力和挑战。从发生的典型事故看,有的令人痛心,有的令人不安:2016年7月11日,文新街道皇朝花园一出租房发生火灾,亡2人,伤1人。2017年4月11日,三墩镇华联村和尚桥43号发生火灾,亡3人,伤14人。2017年7月21日,三墩镇古墩路桐庐野鱼馆因燃气泄漏发生爆燃事故,亡3人、伤44人。2018年5月8日,三墩镇水月社区城北商贸园17幢116—117号因燃气泄漏发生闪爆,伤1人。2019年4月20日,古荡街道嘉绿景苑13幢3单元因楼层电线管道起火发生火灾,幸无人员伤亡。

为深刻吸取古墩路桐庐野鱼馆"7·21"燃气爆燃事故的教训,有效预防电、气、火引起的各类安全事故,打通监管预防处置"最后一公里",2017年开始,在区委、区政府的正确领导下,西湖区安全生产监督管理局开始积极探索以科技创新为引领、以数字监管为抓手、以防早灭小为目的,形成安全监管处置闭环的治理新模式。2018年,西湖区安监局提出"以社区小安全,保全区大安全",在西溪街道和文新街道骆家庄社区开展街道级和社区级的创建试点,不断尝试智慧监管系统平台的开发应用,积极推进智慧物联系统、智慧社区的建设工作,努力发挥智慧监管在安全生产监管中的作用,实现以"小安全"推动西湖区"大安全"。2019年初,初步创新形成智防

＋技防＋人防"三防合一"的安全管理模式。

随着应急管理部的成立,"大安全、大应急、大减灾"体系的目标要求也越来越明确,迫切需要政府部门特别是基层部门利用信息化手段实现高效管理,打破过去"多部门抓,多人管"的传统模式,加快数据共享,形成部门合力,推动和提高社会自主治理能力,不断提升企业安全治理水平,有效遏制重特大事故的发生,为创建安全发展城市提供有效的方法和手段。

2019年6月,以城市大脑理念,加快"城市安全综合监管"场景建设,以瓶装燃气监管为突破口,加大智慧监测设施覆盖面,推广日常安全生产监管智慧巡检,落实应急管理服务站标准化建设,创新形成智慧监测＋智慧平台＋智慧巡检＋应急管理服务站＋微型消防站"五位一体"的应急管理"西湖模式"。

二、举 措

一个安全生产综合监管应用场景的背后,体现了市区两级党委政府"以人民为中心"的服务宗旨,凝聚了各级政府机关和基层镇街的多方力量,西湖区应急管理局敢为人先,勇于探索,汇聚众力,破除"三难"。

(一)破除"政策难"

经认真调研,充分借鉴,多次召开研究讨论会,制定了西湖区应急管理服务站标准化建设方案,下发了《关于开展应急管理服务站试点建设工作的通知》,积极推进应用场景配套建设。下发了《关于组织申报2020年度西湖区应急管理服务站专项资助的通知》,解除各镇街关于资金使用的后顾之忧。针对《西湖区城市安全综合监管平台数据接入规范》向社会公开征求意见,解决社会化智慧监管平台力量数据孤立、难以汇聚的难题。

(二)破除"资金难"

在西湖区委、区政府的正确指导下,明确各方资金投入比例;在区数据资源局的专业指导下,合理修订城市安全综合监管平台建设方案,审核确定平台一期、二期、三期建设资金约 350 万元,为应用场景的迭代更新提供了最直接的资金保障;在财政局的科学指导下,按照财政要求,编制应急管理服务站专项资助资金申报方案,在 2020 年解决了 400 万元的应用场景配套建设资金,并每年安排合理的资金确保基层应急力量建设,为应用场景提供强有力的运用支撑;在其他政府机关和各镇街的大力支持下,先后投入 3000 万元,加大末端智慧监测覆盖面,为应用场景提供广而精的数据支撑。

(三)破除"数据难"

想方设法,深入沟通,积极把利民惠民的服务理念灌输给社会化服务机构,得到了杭州百汇能源科技有限公司的大力支持,通过对接,实时将瓶装燃气用户数据推送到应用场景。截至 2020 年底,累计居民用户 31716 户 22663 瓶和商业用户 5001 户 11730 瓶。通过一年多的细致工作,已与西湖区主要的 4 家智慧监测平台公司达成初步共识,计划在原有的 1 万余套基础上增加接入 3 万余套的智慧监测设备数据到应用场景中。

三、成 效

通过应用场景的建设,把应急管理工作内容与城市大脑理念融合起来,创新形成智慧监测＋智慧平台＋智慧巡检＋应急管理服务站＋微型消防站"五位一体"的应急管理"西湖模式",在隐患预防发现处置上实现了有效闭环,大大提升了防风险、除隐患、遏事故的能力水平。该经验做法得到了时任浙江省省长袁家军、副省长冯飞,杭州市常务副市长戴建平的批示肯定,《中国应急管理报》《中国安全生产》《浙江应急管理》,以及杭州电视台等媒体进行了报道。

形成一张智慧监测网。在沿街商铺、学校、医院、养老机构、寺庙、景区、企业等安全风险较大的单位、场所、部位,安装智慧电感、智慧气感、智慧烟感等监测设施 4 万余套。

建成一个城市安全综合监管平台。通过安装智慧电感、智慧气感、智慧烟感等监测设施,实行全天24小时监测,监测数据经过系统运算后根据设定阈值及时通过智慧监管平台发出告警并进行处置,具备了安全监管一条链、覆盖对象一张网、监管数据一张表、应急处置一体化、数据共享一键通的"五个一"功能,构建了事前隐患告警、事中联动联防、事后追溯管理的全流程管理机制。凡安装智慧监测设施的地方未发生一起亡人事故。

运用一套智慧巡检系统。着眼于如何提高安全检查的质量,如何保证检查对象的全覆盖,如何保证检查、发现问题、整改的有效闭环等关键问题而设计。该系统通过对危险的物、源、点等建立电子身份证,构建科学的安全检查管理方式,提供安全检查对照标准等方法,使政企检查人员在手机端即可开展安全检查、隐患上报、应急处置等无纸化工作,即时留痕、随时追溯的设计,大大提高了检查效率,也大大减轻了检查人员的工作负担。

打造一批应急管理服务站。西湖区所属应急管理服务站在功能上具有"消防、安监、排险、助民"四大功能;在布点上,原则上以方圆3平方千米为1个片区,实际可因地制宜布设;在硬件上,实现用房、装备、车辆等标准化配置;在软件上,依托区城市安全综合监管平台和智慧巡检系统;在力量上,原则上由第三方服务公司负责招聘人员、培训业务、履行职责;在保障上,区和镇街各按50%的比例,共同承担所需费用。应急管理服务站的建立,解决了智慧监测设施和平台告警后由谁来处置、怎样闭环的问题,解决了日常片区安全由谁来巡查的问题,解决了基层应急安全知识宣传体验缺少阵地的问题,也解决了镇街和村社网格安全监管力量不足的问题,有效解决了除患排险和为民助民"最后一公里"问题,真正实现了离企事业单位和住户最近的、家门口式的应急管理服务。

联动现有微型消防站。在末端安全隐患处置上,发挥应急管理服务站的"点"位智慧优势,第一时间联动微型消防站,形成"网"状人防优势,强化智防+技防+人防模式,扑早灭小,有效填补隐患发生后的3—5分钟救援力量空白,提高排除效率,降低应急救援力量压力和出警频率。

西湖区智慧安全监管体系通过各方努力已经初步形成,大量安全隐患被及时发现排除。例如,2018年8月9日21时25分13秒,监管平台显示设备出现告警,地点为沿街店铺陕西味儿餐馆。店铺老板收到告警电话及短信后,通过笔记本电脑查看店铺中远程监控,发现店铺中已有明火,浓烟弥漫;网格员及安管员同时收到告警电话及短信,确认警情后及时参与了现场处置并排除险情。快速妥善的处理,使得事件在前期得到有效控制,成功避免了一起重大安全事故。

2019年12月10日上午,古荡街道古北社区的独居老人朱奶奶在外散步时,突然接到社区安全员徐燕的电话:"朱奶奶,您家燃气泄漏了。"朱奶奶匆匆赶回家一看,原来是早上出门时,误将煤气关反了。监管平台显示设备报警,同时将告警短信、告警电话推送到关联人员和应急管理服务站。相关人员及时进行处置,避免了一起重大安全事故。

四、启 示

接下来,西湖区将继续深入贯彻习近平总书记在浙江考察时的重要讲话精神,践行"人民至上、生命至上"理念,继续探索基层治理现代化建设,完善数字赋能智慧化监管,完善应用场景功能运用,扩大场景覆盖面,强化基层应急管理力量,规范应急管理闭环流程,为在高质量发展展现"重要窗口"头雁风采中打造西湖风景线保驾护航。

(资料来源:杭州市西湖区)

案例点评:

城市安全是城市治理的"底线",如何守牢底线是每个城市在治理过程中都要面对的问题。西湖区的"城市安全综合监管"场景通过数据贯通、场景整合等方式,创新性地形成了一套智慧监测+智慧平台+智慧巡检+应急管理服务站+微型消防站"五位一体"的应急管理"西湖模式",从政策指导上、人员组织上、技术落地上都给出了西湖区的解决方案,具有很好的借鉴意义。尤其是在模式创新上,通过应急管理服务站和微型消防站,解决了安全排险"最后一公里"的问题。

但是目前这个场景仍然局限在安监领域,没有进行跨部门、跨领域、跨业务的创新,在政府数字化改革和城市治理"一网统管"的大背景下,如何将安全监管问题纳入城市一网统管的统一管理中,如何高效联动基层网格人员,如何将应急管理站和网格管理相结合,如何联动其他部门和镇街等都是未来可以进一步探索的方向。

斯亚奇

浙大城市学院城市大脑研究院、城云科技(中国)有限公司

"值班值守、多维 CIM"场景

一、背 景

2020 年 3 月 31 日,习近平总书记调研杭州城市大脑运营指挥中心时,要求"继续探索创新,进一步挖掘城市发展潜力,加快建设智慧城市,让城市更聪明一些、更智慧一些,为全国创造更多可推广的经验"。党的十九届四中全会中提出"把制度优势更好转化为国家治理效能"的命题,西湖区的任务就是利用好现代化技术手段,切实提高基层治理效能。

在这样的背景下,浙江省委、省政府高度重视值班值守和突发事件信息报送工作,强调要牢固树立"一盘棋"的理念,务必要提高认识,增强责任感,进一步强化和规范应急值班值守、信息报送,提高综合协调水平,确保应急值班值守工作高效、有序进行。作为杭州城市大脑的策源地,2020 年 7 月,西湖区政府召开常务会议,研究西湖区委、区政府值班室机制建设方案,旨在利用数字化手段对事件和安全要素进行类型化拆解和分析,对事件报送处置流程进行逻辑化,并结合职能部门业务数据及指挥规范,实现值班值守中心"平战"双模式下的事件报送和处置。

西湖区紧紧围绕省市关于加强值班值守工作的要求,以利民为本、科技为基、整体智治、高效协同为核心,以系统融合、综合集成为发力点,依托杭州市城市大脑西湖平台,基于多维签发管理平台(CIM)技术,开展值班值守指挥中心建设工作。

二、举 措

杭州市城市大脑西湖平台(值班值守、多维 CIM)项目是构建于数字化之上的综合性系统,借助自身业务场景的复杂多元优势,通过驾驶舱服务平台、驾驶舱管理平台等发挥资源之间有机互联、共享协同的优势,并通过计算平台打通数据之间的联系,以实现城市大脑西湖区值班值守系统数据资源的优化配置。

(一)全区实景三维实现

2020 年底,值班值守平台集成数字驾驶舱和城市信息模型 CIM 系统,关联统一地址库和视频监控系统,实现了西湖区 312 平方千米三维地图全域可视联动,影像分辨率不低于 5 厘米。运用倾斜摄影测量技术获取影像数据成果后,通过影像预处理、区域网联合平差、多视影像匹配、真正射纠正、三维建模等关键生产环节进行实景三维模型制作。

(二)事件处置报送完善

2020 年底,值班值守平台共接入西湖区委政法委、区公安分局、交警大队、消防救援大队、区应急管理局、区城管局、区市场监管局等七个部门实时发生的事件信息。通过值班值守平台的建设,形成信息报送协同外置闭环场景,有效集成各类信息,实现预警信息及时发布、处置反馈,真正形成信息互通、情报共享、协同处置的工作格局,促进值班值守工作高效运转,从而实现"事件一键报送、数据一屏展示、指标一屏分析、指挥一屏联动、场景一屏闭环、治理一屏透视"的实战效果。

(三)部门资源接入

值班值守平台接入西湖区委政法委、公安、消防、城管、卫健、市场监管、林水、应急等 10 余个部门的资源,归集人、房、视频监控、救援队伍、特种设备等重要物资和重点场所的基础信息,对全区网格、避难场所、水文测站、救灾队伍、物资仓库、医疗机构、山塘、水库、雨水管网、燃气管网等多类资源数据完成三维地图点位上图。

(四)部门联动实现

值班值守平台联动智慧云梯、阳光厨房、应急指挥、重点人员管控等多部门的业务系统，平时可进行日常巡查，事件发生时可第一时间触达部门业务系统，了解事件详情。

（五）三维空间化呈现

实现基层治理击穿，部分建筑物实现到层、到户的三维空间化，并支持相关信息的检索和展示。

（六）部门、镇街分中心建设

按照职能、行政区划，基于三维地图进行区域划分，将所属区域的地图和相关资源开放给相应镇街、部门，各镇街、部门基于各自的需求在三维地图上进行各类资源叠加和分析。

（七）值班值守五色图建设

对值班值守平台事件报送信息按照周、月、季等不同维度进行整合分析，同时基于事件中"爆""控""火"等敏感字段进行整合分析展示。

三、成 效

2020年底，已经完成西湖区312平方千米三维地图全域可视联动，归集了10余个部门资源，200多万条重要物资和重点场所基础信息，20多类资源数据完成三维地图点位上图。共接入48000余起事件，通过人工智能等技术手段有力支撑值班人员进行事件的稽查、研判和核实工作。其中，向上级报送了20余起紧急事件，交通事故、消防安全、意外事件得到了第一时间处理反馈，有效提高了西湖区委区政府应急指挥和响应的效能。

四、启 示

西湖区将以区委区政府值班值守平台为抓手，建好城市大脑西湖枢纽，升级建设成为城市大脑西湖平台"全域智治中心"，打造城市大脑样板区。建设镇街和部门分中心，形成全区域一体化的基层治理、协同高效、整体智治样板。积极参与国家、省、市相关技术标准和管理规范的制定,力争成为典型示范。

(资料来源:杭州市西湖区)

案例点评:

杭州市西湖区"值班值守、多维 CIM"场景是构建于数字化之上的综合性系统,是一个有着充分的现实意义和重要作用的智慧城市核心项目。该场景建立在数字化基础上,目前来看,主要作用是利用数字化手段对事件和安全要素进行类型化拆解和分析,对事件报送处置流程进行逻辑化,结合职能部门业务数据及指挥规范,实现值班值守中心"平战"双模式下事件的报送和处置,从而实现数字化治理。

以基层治理为主,体现在"全域智治中心"上。从长远看,这些接入的城市信息数据,可以与人工智能、机器学习、云计算、区块链技术相结合,城市信息数据将从公用事业、工业、农业、服务业等领域开始,对人类活动产生真正广泛的影响,进而变成"城市大脑"。

从技术角度看,这是一个充满了前瞻性和无限可能的场景。这个场景不仅仅在于提高基层治理效能,更在于场景与全区多部门数字资源的接入和整合,打通数据,会在未来尝试回答如何"让城市更聪明一些、更智慧一些"的问题。在将来这个场景背后所连接的城市信息数据,有着无限的可能。

彭永昱
浙大城市学院城市大脑研究院、浙大城市学院信息与电气工程学院

热点区域交通综合治理

一、背景

近年来，随着杭州市滨江区社会、经济的快速发展，城市交通拥堵问题也日趋严重。尤其是在人流较为集中的医院、商圈以及产业园区，"出行难"问题较为突出。为打造与滨江区定位相匹配的一流城市交通，同时为杭州市治堵打造样板，滨江区全域智慧交通综合治理项目建设工作领导小组制定了《滨江全域智慧交通综合治理两年行动计划（2020—2021年）》，计划开展堵点、停车、安全等七大方面的治理工作，同时确定了四个涵盖医院、商圈、产业园的治理示范区。现已完成浙江大学医学院附属儿童医院滨江院区、浙江大学医学院附属第二医院（以下简称浙大二院）滨江院区、龙湖滨江天街示范区的交通综合治理工作，正开展互联网产业园区综合治理。

二、问题

（一）交通吸引量大，到达时段集中

浙大儿保滨江院区是滨江区排名第二的驾车到达区域，日接诊量7000—10000人次；浙大二院滨江院区全天平均进入车辆2250辆。加之停车资源紧缺，就医交通流在早晚高峰对区域周边道路交通的影响较大。龙湖滨江天街商圈单日最大客流18万人，最大车流1万辆，是杭州市流量前五的商圈之一。互联网产业园区集聚了阿里巴巴、网易（杭州）、华为杭州研发中心等一批大中型企业，片区内职工近10万人，机动车出行量超过3万辆/天。

(二)内外交通协调性不足,通行效率低下

治理前,示范区普遍存在外部道路机非冲突严重、出入口交织、通行能力严重受限等问题,区域内部也存在流线不合理、出入口组织形成瓶颈、通行效率低下等困境。

(三)路网缺乏系统性组织,道路压力不均

治理前示范区周边道路均以双向交通组织为主,而到发交通过于依赖单一道路从而形成高峰期间常发性拥堵,进而蔓延,最终形成区域路网拥堵。

(四)停车供需矛盾点突出,停车秩序混乱

浙大儿保滨江院区停车泊位 1214 个,实际停车需求约 5000 车次/天;浙大二院滨江院区内部停车位约 900 个,高峰小时停车需求 1300 个;龙湖滨江天街商圈内部停车位 2018 个,高峰小时停车需求约 2700 个,停车缺口约 680 个。医院、商圈内部及周边区域停车位供给不足,易造成到达车辆在主要道路上集结,同时也造成违停现象频发。

(五)公共交通竞争力较弱,公交分担率低

根据调查,浙大儿保滨江院区客流以私家车(53%)、出租车及网约车(26%)为主,占出行总需求的 79%,公交出行占比较低,仅为 13%,非机动车等其他出行方式占 8%。

三、举 措

本次热点区域交通综合治理围绕"安全、畅通、高效"的主要目标,实施了领导挂帅、部门协同、整体规划、数据治理、综合治理等主要措施。

(一)领导挂帅

滨江区委、区政府和杭州交警局高度重视滨江区全域交通治理工作。

2020年4月，滨江区和杭州市交警局联合成立领导小组，组建专班，为后续治理工作顺利开展发挥了重大作用。

（二）部门协同

领导小组下设办公室，整合杭州市交警局相关职能处室、滨江交警大队、杭州市公交集团、滨江区委办公室、滨江区政府办公室（数据资源局）、滨江区委政法委、滨江区发改局、滨江区财政局、滨江区经信局、滨江区教育局、滨江区公安局、滨江区住建局、滨江区城管局、杭州市规划资源局滨江分局、滨江各街道，为综合治理打下坚实基础。

（三）整体规划

2020年5月，专班制定了《滨江全域智慧交通综合治理两年行动计划（2020—2021年）》，聚焦"两个治理、一个提升"，即畅通治理、安全治理、能力提升，围绕加强道路治理、公交治理、停车治理、拥堵治理、道路安全隐患治理、交治站建设、交通治理体系建设，提升交通感知能力、数据应用能力、快速反应能力10个方面，很好地指导了治理活动。

（四）数据治理

滨江区充分利用杭州市城市大脑的大数据资源，以及移动互联网数据，数字赋能治理全过程。一是治理前，数据先行，精准施策。依托精准的多源大数据，分析了示范区的人流和车流等交通需求特征（出行总量、出行结构、出行空间分布、客流画像等）、拥堵AOI（自动光学检测）深度时空立体扫描诊断、道路交通运行特征［运行指标（速度、拥堵里程）、延误波动规律、通勤廊道、交通拥堵时间、空间分布特征等］、公交出行需求等，为治理方案提供施策方向和数据支撑。二是治理中，数据流转，诱控一体。在浙大儿保滨江院区、龙湖滨江天街商圈治理中，通过集成应用动静态交通数据，根据覆盖"点、线、面"的诱控一体治理思路，采取建设动静态诱导屏，高德线上诱导，停车预约，信号智能控制，建设全可变车道、潮汐车道等措施。三是治理后，数据评价，科学管控。建立了热点区域交通综合治理评价指标,综合应用区域、路段、路口拥堵延误指数,停车场饱和度,周转率,警情数,公交运行情况等指标,量化评价治理成效。

(五)综合治理

1. 优化外部交通组织,均衡路网交通压力

在充分对交通运行数据指标(速度、延误、排队长度、拥堵指数)、道路卡口统计的交通流量、中国移动提供的分时段客流需求特征数据以及客流、车流 OD(交通出行量)进行系统分析的前提下,提出示范区的交通组织方案。

浙大儿保滨江院区周边道路交通组织优化:(1)拆除儿康路现有中央隔离护栏(280 米),儿康路由双向通行调整为南向北 2 车道单行,高峰时段可实现双车道进入,从而提高车辆进入院区的效率。(2)打通临时停车场北侧断头路,一方面,可分担滨盛路交通压力;另一方面,可实现医院临时停车场内部循环,缓解停车场进出口交通冲突。

龙湖滨江天街商圈周边道路交通组织优化:(1)将天街南侧月明路(江虹路—江汉路)从内部道路调整为市政道路,重新规划断面(单向 2 车道),增加智能交通设施,加强交通管理。(2)月明路(江虹路—江汉路)实施西向东单行,盘活江虹路、滨河路等道路资源。(3)取消月明路(江虹路—江晖路)两侧停车位,优化调整道路断面,由原来的双向 2 车道调整为西向东2 车道、东向西 1 车道,恢复非机动车路权,提高通行能力。(4)江汉路/月明路交叉口设置十字对角人行过街斑马线,设置专用行人/非机动车过街信号,优化调整信号配时方案,方便大量行人/非机动车交通流快速过街。

2. 优化内部交通组织,实现车辆高效进出

浙大儿保滨江院区内部交通组织优化:(1)开放医院南门、北门,缓解儿康路交通压力。(2)结合单行设计,调整东侧进出口的功能,东南侧出口调整为双车道入口,东北侧入口调整为双车道出口。(3)根据单行设计调整地下停车场进出口的功能与交通流线。

浙大二院滨江院区内部交通组织优化:(1)调整江虹路单车道入口为双车道入口。(2)使岗亭道闸后退,增加蓄车空间。(3)优化地面及地下停车场指引标识及交通流线。

龙湖滨江天街商圈内部交通组织优化：(1)将江汉路出入口为入口，由现状 2 进 1 出调整为 3 进。(2)月明路中部出入口调整为双出，左进至月明路。(3)月明路西侧出入口调整保持 1 进 1 出，平峰时车辆从出入口左进至月明路，出车高峰期从出入口右进至月明路。

3. 挖潜区域停车资源，规划多级停车诱导系统

对示范区提供的出入口道闸数据进行系统分析，在明确停车供给缺口的前提下，提出各示范区停车系统优化方案。

浙大儿保滨江院区停车系统优化方案：(1)以患者为本，充分挖潜区域停车资源。将 120 个医院职工停车位置换至临时停车场，从每天停 120 辆变成每天停 600 辆(周转率提升)，实现了车位使用率最大化。(2)增加路内停车位。新增路侧泊位 168 个。(3)优化现有停车场泊位与内部流线设计，采用斜停＋单行循环方式，增加停车位约 60 个，新增出入口，缓解滨盛路交通压力。(4)规划多级停车诱导系统。完善医院周边停车诱导，建立三级停车诱导系统，设置一级诱导屏 4 块，二级诱导屏 6 块，三级诱导屏 10 块，为医院内部及周边 5 个停车场 1800 个停车位增加高德车位级精准导航，对线上导航提供数据支撑。(5)上下客组织。在示范区内设置限时 2 分钟临时停车位，联合滴滴公司在上下客区设置"约车小绿点"，规范出租车、网约车临时上下客。

浙大二院滨江院区停车系统优化方案：(1)规划周边临时空地作为停车场，增加停车位约 260 个。(2)充分利用周边写字楼和酒店的空闲车位，主要包括歌山酒店(80 个)、明豪酒店(120 个)、东冠大厦(150 个)、兴耀大厦(30 个)以及龙湖滨江天街(1000 个)。(3)建设多级停车诱导系统，有效分流车辆。

4. 规划区域求医专线，提高公交分担比例

为了提高就医患者绿色出行率，浙大儿保滨江院区交通治理中，在少年宫停车场、育华路停车场与浙大儿保滨江院区之间开通微循环公交，接驳远端停车患者。此外，在就诊高峰期增加地铁站—浙大儿保滨江院区的定制公交，优化出行结构，一方面，降低私家车到达量；另一方面，减少停车需求。

5. 建设科技执法设备,规范交通通行秩序

对示范区信号配时进行了智能化升级,区域路口延误指数显著降低;在浙大儿保滨江院区示范区滨盛—儿康路口,浙大二院滨江院区示范区江虹—新月路口设置行人过街信号灯,保障行人过街安全;增加示范区周边道路违法停车抓拍 46 处、路口电子警察 8 处。

6. 加强线下管控措施,提升现场引导效率

联合医院、商圈、园区组建管理力量,安保力量跨出一步成为交通协管员,完善出入口管理;赋予街道和交警管理力量,编制了高峰期管理预案,发挥引导车辆、维持秩序的重要作用。

四、成 效

通过综合治理,示范区交通秩序大幅好转,拥堵指数明显下降,警情数和投诉率均显著下降,综合治理收到良好成效。

(一)浙大儿保滨江院区示范区

浙大儿保滨江院区热点区域(施行 5 个月后)工作日高峰延误指数由 1.9 降至 1.25,泊位指数达到 1.7(目标值 1.6,周转率提高 6.3%);滨盛—儿康路口高峰延误指数由 7.68 降至 3.52,儿康路高峰延误指数由 3.78 降至 1.35。

(二)浙大二院滨江院区示范区

浙大二院滨江院区热点区域(施行 1 个月后)工作日高峰延误指数由 1.51 降至 1.32,泊位指数达到 4.25(目标值 1.8,周转率提高 136%)。

(三)龙湖滨江天街示范区

龙湖滨江天街热点区域(施行 1 个月后)江南大道天街段延误指数由 1.51 降至 1.35,月明路天街段延误指数由 1.76 降至 1.35,拥堵持续时间(日均)下降 44.2%,拥堵报警次数下降 29.7%,顾客投诉率下降 16%。

五、启 示

（一）从单一管理到多元治理

随着交通基础设施的发展和参与者出行方式的多元化，城市交通问题已经由单一的供需问题发展为若干子因素和不确定因素叠加的复杂问题。在滨江区交通综合治理过程中，我们深切体会到，一方面，曾经以交警为单一主体。采用相对固化的行政管理手段开展城市道路交通管理的模式，越来越难以面对现实和未来交通问题的挑战。各政府职能部门、科技公司、医院、商圈、企业等多主体参与的合作治理模式发挥了重要作用，城市交通治理模式正在由单一行政管理向多元合作治理转变。另一方面，此次治理覆盖了交通工程、交通组织、静态交通管理、公交优先、科技执法、线上线下协同等综合措施，相比以前单一手段治理要有效得多，发挥出了1＋1＞2的治理成效。

（二）从经验管理到数据治理

此次热点区域交通综合治理，摒弃了传统的以经验为主的治理思路，通过数据治理，赋能治理前研判、治理中施策、治理后评价全过程。

在领导小组和专班的协调下，滨江全区汇聚了精准的线上＋线下的多源大数据，以大数据分析、交通仿真、人工智能等技术手段作为支撑，全面深度分析了示范区交通结构和交通特征。相比传统的交通调查分析，大数据与网络调查具有效率高、数据量大、信息全面等优势，能够为示范区的交通综合治理提供接近全样本的交通数据，从而真实反映出现状交通需求和运行特征，实现了交通资源精细化、精准化配置。

（资料来源：杭州市滨江区）

案例点评：

城市交通是一个由人、交通工具、交通设施（道路、停车场等）和交通规则、信息等多要素构成的复杂系统,其有效运行取决于诸要素间的整体协同。因此,城市交通整治对于政府治理机制和能力提出了较大挑战,是一个跨部门数据协同和治理协同的城市数字化典型案例。2019年9月19日,中共中央、国务院共同印发的《交通强国建设纲要》中指出:"大力发展智慧交通。推动大数据、互联网、人工智能、区块链、超级计算等新技术与交通行业深度融合。推进数据资源赋能交通发展……"杭州市滨江区围绕出行吸引量大且时段集中、交通供给有限且弹性小的医院、商圈以及产业园区等区域开展综合治理,以数字化的方式实现了城市交通资源利用效率的有效提升,为城市交通数字化治理提供了样板。具体来说,本案例的创新性及重要意义体现在如下几个方面。

首先,在观念思路上,摒弃了传统的以经验为主的治理思路,通过数据治理,真实反映出交通需求和运行特征、交通设施供给总体现状和基本结构。以提高交通资源利用效率,实现资源精细化、精准化配置为治理目标,从而实现了动态交通延误指数、静态交通泊位指数的显著提升,解决了城市交通出行难、停车难等疑难问题。

其次,在治理机制上,以往以交警主导的行政管理模式,升级为各政府职能部门、科技公司、医院、商圈、企业等多主体参与的多元合作治理模式,是一种治理机制的创新尝试。

最后,在技术实践上,依托数字化治理基本思路和多元合作治理机制,杭州市滨江区整合了多源交通数据,实现了园区内外交通组织协同优化、静动态交通协同管理,公交车、私家车协同出行等,有效提升了现有交通资源的利用效率(具体表现为道路延误指数和停车泊位周转率的显著改善)。

当然,考虑到城市交通系统复杂多变,且具备自适应特性,需要对区域内交通态势进行持续在线化评估,基于在线化数据实现城市路网和停车设施的不断迭代优化。同时,在治理机制和技术实践上,基于前期工作构建的一系列典型场景库和交通数字化治理的技术/算法库,为进一步将滨江经验推广到杭州市甚至其他城市奠定了基础。

吴越

浙大城市学院城市大脑研究院、之江实验室

"一码解纠纷(诉讼)"场景

一、背 景

过去的调解工作普遍以当面调解为主、电话调解为辅,存在当事人身陷纠纷还要到各部门"跑断腿"、投诉建议回应不够及时等情况,社会基层治理的速度、精度、温度已经无法匹配高质量发展的滨江区。并且高新区(滨江)存在企业及外来务工人员较多,人员流动性大,纠纷当事人不在杭州甚至不在浙江的特殊情况,导致当面调解工作无法展开;电话调解无法签字或签字过程较长,容易出现调解反复等特殊问题。2017—2019年,滨江区人民法院分别收案12081件、12374件、12995件,同比上升25.62%、2.43%、5.02%,一线法官每年人均结案量超过560件,基层治理和法治滨江建设具有一定压力。

为深入贯彻习近平总书记"坚持把非诉讼纠纷解决机制挺在前面,构建起分层递进、衔接配套的纠纷解决体系,从源头上减少诉讼增量"的重要指示精神,在保障公民合法权益、畅通公众申诉渠道的基础上,更有效地化解法院诉前纠纷,以非诉讼的方式解决矛盾,寻找优化法治环境、促进和谐发展的破难点,滨江区利用创新企业集聚的优势,充分运用大数据、云计算、区块链、人工智能等前沿科技,以推动城市管理手段、管理模式、管理理念创新为指引。2020年6月,在杭州市委政法委统筹安排与杭州市中级人民法院的具体指导下,积极开展试点工作,创新建设了集智能分案、分层过滤、多渠道解纷、大数据监管等功能于一体的"一码解纠纷(诉讼)"场景,完善了社会矛盾纠纷多元预防调处化解综合机制。

二、举 措

(一)机制先行，整合资源，提高场景运行"保障力"

1. 部门协作夯实平台建设基础

由滨江区委政法委监督协调，区司法局、法院积极参与，教育局、人社局、住建局等行业组织主管部门协同参与，共同构建场景建设合作机制，并迅速完成制度设计、人员落实、软件调试等工作。各部门高效联动，不断优化与调解组织的对接流程，合力完成调解组织的摸排和导入，为场景建设奠定了扎实的数据与人力基础。特别是根据现有调解组织功能及法院近三年来收结的案例，梳理细化 25 类调解案由，并设置对应关键词，为平台智能分类确定规则，如将知识产权、道路交通、婚姻家事、物业服务、劳动争议、小额债务等纠纷纳入重点引导范围，着力提升纠纷化解质效。

2. "五调联动"形成社会治理共同体

全方位整合人民调解、行业调解、律师调解等调解服务资源，摸清公检法退休干部人员担任调解员的意愿情况，推动社会力量多元参与，建立人民调解、行政调解、司法调解有机衔接的调解体系。2020 年底，场景已入驻调解组织 81 个，其中包括杭州市首个保险行业调委会工作室、杭州市首个律协工作室、浙江省首个银行业调委会工作室，887 个注册调解员活跃在线上、线下平台，在纠纷化解领域精准发力，助力基层矛盾纠纷可查询、可跟踪、可评价、可督办，推动"一码解纠纷（诉讼）"场景从单一"诉源"治理向"警源、访源、诉源"的三源共治迭代升级。

3. 考核培训提升场景运用积极性

科学设置调解响应率、调解时长、调解成功率、当事人满意率等考核指标，对调解组织及调解员探索实行积分制考核方式和超额累进的薪酬分配方式，做到奖优罚劣，激发调解员的工作积极性。

（二）科技赋能，闭环管理，提升纠纷化解"成功率"

1. 首创"调解码"，实现"一码"智能分流

探索调解前置制度，收到诉讼材料后，依托浙江 ODR（在线矛盾纠纷化解）平台生成诉前调解案件专属"调解码"，通过提取关键信息，与历史调解案进行信息比对确定纠纷类型，自动匹配发送到调解机构。比如将重大敏感、群体性纠纷智能分配至联合调解机构，将医疗、交通、物业等专业类纠纷智能分配至专业性调解机构等，最大限度实现解纷需求与解纷资源的精准对接。同时，将纠纷化解的全流程记录于"调解码"中，通过手机即可随时扫码掌握纠纷化解概况，实现全流程指尖上在线解纠纷。

2. 引入"健康绿码"，实现"颜色"动态管理

在纠纷解决领域引入"健康绿码"概念，根据矛盾纠纷的类型、危害程度、紧急程度、影响范围等设置不同颜色的纠纷专属"调解码"。将黄、橙、蓝、红、绿五色"调解码"分别对应诉前引调、纠纷调解、纠纷转诉讼等环节，贯穿全过程。黄码对应初次受理阶段；橙码对应二次流转调解阶段；蓝码对应法院登记引调阶段；红码对应调解失败，可在线申请法院立案；绿码表示调解成功。据此，该场景打通了与矛盾纠纷调处化解中心、法院诉讼服务中心之间的渠道，形成了以法院诉服中心为核心、前端诉调案件化解、后端在线司法确认、诉讼立案并举的纠纷治理闭环，推动多数纠纷以非诉讼方式及时就地解决、少量纠纷通过诉讼程序化解，有效减少诉讼增量，提升诉源治理水平。目前，民商事案件调解前置率、分流至矛调中心比率、法院诉前委派调解率分别为 61.29％、88.17％、6.61％，均得到有效提高。

3. 纳入"驾驶舱"，实现"数据"实时管控

将该场景整体纳入滨江区城市大脑数字驾驶舱，通过驾驶舱主控界面，可直接调看案件总数、调解成功数、未响应数及各个街道和社区的纠纷分布情况；可通过五色"调解码"分布情况了解法院诉前调解数量，纠纷初次受理数量、二次分流数量、调解成功数量和失败数量、调解效果；可随时查看各街道纠纷数量与走势、万人纠纷比、自动履行率等。通过数字化、可视化分析，可实时、直观反映区域诉源治理成效，加强后台督促推进，从而

实现全场景覆盖、全过程把控、全链式管理，为社会治理提供有力支撑。

（三）流程再造，拓展链条，实现社会治理"高效能"

1. 打造线上矛调中心，建设诉源治理云端空间

建立线上调解室，为当事人和调解员提供语音、视频等多种沟通方式，突破时空限制，打造异步调解模式，实现"最多跑一地"向"一地都不用跑"转变；调解员可一键拨打当事人联系电话，若联系方式已失效，还可在线申请失联修复，进一步提高当事人触达率（见图 1）；对接"微法庭"，针对难度较大的案件，邀请专业法官介入，进行调解指导，为调解活动增效赋能；设置市场化调解组织纠纷调解"抢单模式"，并与支付宝、微信连通款项支付，探索市场化调解可操作性实践，满足用户多元化解纷需求。

图 1　线上矛调中心

2. 创新智能人机交互，拓展诉源治理全产业链

该场景以微信小程序为载体，从提升用户体验的角度，以人机交互、自然语言处理等人工智能技术，创新聚合诸多便捷功能。除扫描身份证自动回填身份信息、语音输入登记纠纷详情等功能外，还提供全天候智能化法律咨询与心理服务，为用户答疑解惑。例如，该场景引入心理咨询机器人，

聚焦快节奏、高压力时代下公众心理失衡和负面情绪问题，提供 7×24 小时全天候心理援助服务；提供智能法律咨询，用户可直接输入相关问题，由人工智能实时解答法律问题，解除当事人内心疑虑，为调解打下良好基础，已为 100 余位用户提供法律咨询。

3. 实现矛盾批量解决，发挥诉源治理现实作用

该场景设置直接面向社会公众的解纷"二维码"，通过申请端的开放，让公众遇到矛盾纠纷时无需到法院立案，即可进入"一码解纠纷（诉讼）"场景进行网上调解。同时依托司法信用画像功能，自动收集分析纠纷当事人的解纷习惯、参加调解情况以及调解协议履行情况等关键信息，生成信用画像，助力形成纠纷化解领域的守信重诺氛围，并通过个案示范带动批量纠纷的解决，"成功一个，解决一批"，为基层调解工作持续赋能，着力打造具有时代特征和滨江特色的"六和塔"区域社会治理工作体系。

三、成 效

聚沙方能成塔，汇细终成江河。在滨江区试点"一码解纠纷（诉讼）"场景，人民调解组织、行业调解组织、法院特邀调解组织、律师调解组织等线下调解力量也迅速形成全面联动新格局。截至 2020 年底，滨江区"一码解纠纷（诉讼）"场景已入驻调解组织 97 个，注册调解员 887 人，共受理案件 5266 起，调解成功 2300 起。截至 2021 年 6 月底，杭州市法院通过"一码解纠纷（诉讼）"共分流委派案件 14.6 万件，调解成功 52019 件，成功率 35.63%，将大量矛盾纠纷化解在基层、消弭在诉前。一个多元参与、有序贯通的"随时调、随地调、随手调"社会治理共同体悄然形成。

2021 年 3 月，市民戴某和房东马某因保证金起了争执。戴某因为工作调动，要提前一个月退房，马某认为这违反租赁合同，扣下 3400 元保证金。眼看要闹上法院，调解员及时通过"一码解纠纷（诉讼）"场景进行调解，最终双方达成一致，并扫描二维码完成了包括签字确认在内的所有调解手续。

"一码解纠纷（诉讼）"诉源治理以民商事案件先行调解率、诉前分流委

派调解率、法院自行调解成功率三个关键指标为工作核心,实行调解前置制度,打通了矛调中心、法院诉服中心之间的渠道,形成以法院诉服中心为核心、前端诉调案件化解、后端在线司法确认、诉讼立案并举的纠纷治理闭环。以"一码解纠纷(诉讼)"场景研发的理念为基础,依托数字赋能社会治理协同系统数据中心,设置诉源、警源、访源治理模块,驾驶舱实时动态反映三源七率,减少人为因素,推动考核方式变革,实现三源数据归集、智能分析和数据共享的全流程管理。

其中,警源治理通过云上平台、五色码工具自动倒查纠纷引发刑事案件的比率及调解前置率,针对性补齐非警务类矛盾纠纷源头化解短板,实时警情分类派单,落实系统签收,现场调解跟进;各职能部门参与共同调解,属地街道按时限要求做好进度及结果反馈,纳入区综合考评计分,有效降低了"民转刑"案件量。访源治理依据驾驶舱反映的来市去省集体访比率、赴京上访比率等数据,以信访超市为物理空间,三源治理平台为云端空间,做好各类信访事项的规范化办理,建立包案化解和信访督办机制,实现了信访积案清零、信访矛盾就地化解,提高了信访案件吸附能力,减少了群体访进京访事件量。2020 年 1—10 月,四级走访总量 214 批次、777 人次,同比分别下降 4.9%和 35.6%;越级访 77 批次、163 人次,同比下降34.2%和 13.3%;来访件一次性化解率达 95.45%。2021 年上半年,杭州市法院新收一审收案 8.32 万件,同比下降了 3.81%。

四、启 示

(一)自上而下的高效改革

"一码解纠纷(诉讼)"场景能在 21 天内正式上线离不开市级层面的重视和强有力支持。在摸石过河中创造新事物、新经验,在顶层设计中把握改革发展的方向和节奏,为城市治理能力提升注入动力。

正如 2019 年 3 月 19 日习近平总书记在中央全面深化改革委员会第七次会议所强调:"要鼓励地方、基层、群众解放思想、积极探索,鼓励不同区域进行差别化试点，善于从群众关注的焦点、百姓生活的难点中寻找改革切入点，推动顶层设计和基层探索良性互动、有机结合。"

（二）以点带面的联动共享

与"一码解纠纷（诉讼）"智慧化矛盾调解平台同步发展的，是覆盖面广、不断扩容的各类社会调解队伍。2020年以来，针对新冠疫情、贸易摩擦引发的劳动纠纷多发、争议诉讼复杂多样以及专业调解能力不足的问题，滨江区积极探索，将本地人力资源优势转化为解决劳动纠纷的创新突破点，在浙江省首创企业HR（人力资源）调解联盟，来自辖区企业的20名企业HR成为首批兼职调解员。自2020年8月启动线上调解以来，一年时间已成功调解劳动争议案166件，调解成功率达82.9%，平均1.8天调解一起劳动纠纷，最快一起从受理到化解仅用了6小时，为优化全区营商环境增添了调解力量。

"和滨江"物业纠纷调解委员会，是由1名金牌调解员领衔的5人专职调解员队伍，其入驻矛调中心，负责全区物业领域相关的各类纠纷案件，2020年以来共受理308件，进入调解235件，调解成功232件。滨江区13家律所线上入驻"一码解纠纷（诉讼）"，271名律师线上注册，积极参与矛盾调处。

企业HR调解联盟、工匠调解员队伍、"和滨江"物业纠纷调解委员会等多种力量正形成合力，构筑起具有滨江特色的调解矩阵，形成了"群众纠纷群众调"的新格局。正是他们与人民群众亲密的连接关系，筑牢了矛盾调解有序开展的社会根基，也促成了"一码解纠纷（诉讼）"等创新载体的不断落地和优化。

（三）积极担当的工作态度

基层干部有担当有作为的积极工作态度，顺应了大数据治理时代的浪潮，这样的态度使得工作更加有效，从而会提高工作满意度、获得感，减少对新技术的抵触。杭州市委政法委印发了《杭州市大力推动"一码解纠纷"的实施方案》等规范性文件，逐步构建起多层次、创新型制度体系。

科学设置调解响应率、调解时长、调解成功率、当事人满意率等考核指标，对调解组织及调解员探索实行"积分制"考评形式，采用超额累进式薪酬分配方式，做到奖优罚劣，激发调解员工作积极性。探索市场化调解组织开展"抢单"调解，营造比学赶超的良好氛围。

"一码解纠纷（诉讼）"场景现已获得一定成效，也面临着更大范围推广、更高水平应用、更快化解矛盾等挑战，还需通过个案示范带动批量纠纷的解决，"成功一个，解决一批"，为基层调解工作持续赋能，发挥诉源治理现实意义，着力打造杭州市"六和塔"社会治理工作体系。

（资料来源：杭州市滨江区、杭州市委政法委）

案例点评：

"一码解纠纷（诉讼）"场景是中国数字化诉源治理的优秀成果，它的开发建设极具问题意识，精准破解了制约诉源治理成效的难题。它借助数字化工具大胆创新工作机制，实现了快捷触达、精准分流、专业处置、客观评价，为中国当下的诉源治理工作提供了可借鉴可参考的样本。

第一，"一码解纠纷（诉讼）"场景实现了矛盾纠纷快速触达目标，社会公众可以借助扫描微信小程序的调解二维码，快速体验纠纷化解触达服务，免去了寻求解纷服务的舟车劳顿之苦，确保了纠纷化解的快速实现。

第二，"一码解纠纷（诉讼）"场景通过梳理25类案由标识，预制分流规则；通过算法智能识别匹配案由，精准地将纠纷自动分配至相应的调解机构和调解员，实现了解纷需求和解纷资源的快速"分诊匹配"，有效解决了社会公众解纷选择困惑。

第三，针对传统解纷资源能力欠缺问题，"一码解纠纷（诉讼）"场景在传统人民调解纠纷资源的基础上，一方面，积极扩容引进专业的社会化解纷资源，提升纠纷的专业处置能力；另一方面，还通过引入市场化纠纷抢单机制，发挥市场机制在纠纷化解能力配置中的作用，将数字化解纷平台的功能从单纯的远程视频调解提升到汇聚解纷资源的高度，解决了当前诉源治理过程中的最大短板问题。

第四，"一码解纠纷（诉讼）"场景通过创新机制，实现了对纠纷化解全过程的客观评价。一方面,通过创设调解员积分管理机制,将相应指标赋予分值后内嵌于场景之中,对调解员解纷过程进行全流程自动化评价,最终形成调解员工作画像,作为调解员奖惩的管理依据;另一方面,通过数字驾驶舱设置诉源治理成效核心指标,例如诉前调解成功率、委派案件成功率等,实时客观呈现诉源治理成效,为诉源治理工作推进提供了参考依据。

郭文利

浙大城市学院城市大脑研究院、北明软件有限公司

区、镇、村三级一体化驾驶舱

一、背　景

2019 年 7 月,城市大脑萧山平台正式启动数字驾驶舱建设,一年多时间里,数字驾驶舱逐步落地应用并加速迭代升级,从 1.0 版到 2.0 版,再到 3.0 版,完成了华丽的"三级跳"。2020 年 11 月 30 日,全新升级的城市大脑萧山平台区、镇、村三级驾驶舱上线发布,这不仅是浙江省首个数字赋能基层治理一体化建设数字平台,在全国范围内也属首创。

(一)政策方向指引

2020 年 6 月,中共杭州市委发布《关于做强做优城市大脑,打造全国新型智慧城市建设"重要窗口"的决定》,明确提出要做强做优城市大脑数字驾驶舱,建立健全城市大脑"五级机长制",奋力把杭州打造成"全国数字治理第一城"。作为城市大脑的策源地,萧山区依托杭州城市大脑中枢系统以及"城市大脑·萧山平台",以统筹建设全区特色场景和基层共性应用场景为抓手,对萧山区原有的数字驾驶舱进行提档升级。

(二)数字驾驶舱重复建设等问题突出

随着萧山区各级、各单位数字驾驶舱项目的日益增多,各单位数字驾驶舱之间数据资源共享困难、特殊场景重复建设、个性化专题定制烦琐等问题越来越突出,迫切需要从全区层面统筹规划各单位数字驾驶舱建设工作,迫切需要以搭建全区统一的数字驾驶舱一体化平台为指引,以统筹建设全区特色场景和基层共性应用场景为抓手,统一赋能各镇街、村社的数字驾驶舱,实现多级协同联动,避免数字驾驶舱重复建设。

（三）基层治理智能化亟待提升

针对平安建设、消防监管等问题，基层单位大多仍采用"人力防范＋事后处理"的管理模式，问题发现手段比较单一，未能全方位、快速地发现问题，相关人员对于信息化、精细化市容管理的概念不够了解。随着物联网、人工智能等新一代信息技术的快速发展，有必要利用新的信息技术来统一支撑基层单位的日常监管，提高基层单位监管的信息化和精细化水平。

二、举 措

萧山区秉持首创精神，提出"可看、可钻、可转、可战"的八字方针，统筹建设全区特色场景和基层共性应用场景，推出覆盖区、镇、村三级的全区一体化数字平台，并以数字驾驶舱为载体，贯彻落实城市大脑"五级机长制"，广泛赋能全区 22 个镇街、549 个村社，打通基层数字治理"最后一公里"。

（一）平台全区统一建设

萧山区打造了融合云计算、大数据、人工智能和区块链等前沿技术的"城市大脑萧山平台"，为区、镇、村三级一体化驾驶舱提供算力、算法和数据支撑，提供统一身份认证、统一消息服务、统一事件、统一地图、统一视频、统一支付等基础平台能力，为全区应用进行赋能（见图 1）。

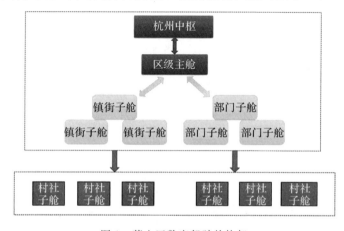

图 1 萧山区数字驾驶舱构架

（二）数据全区统一归集

按照"重点优先、分步实施"的归集和共享策略，统一数据归集目录标准、技术对接标准、在线监测标准，加快推进数据高质量融合与共享。同时对接了杭州市中枢系统上千个数据接口，通过数据反哺，实现共生共建的政务数据生态良性循环。依托杭州市城市大脑中枢系统，全面整合萧山全域全周期高质量数据资源，打造形成具有萧山特色的集各部门、各镇街、各村社于一体的数字驾驶舱一体化平台。截至 2020 年底，累计已归集区人社局、区公安局等 55 个数源部门总计 228 亿条政务数据，为数据赋能基层治理提供了强大的基础支撑。

（三）场景全区统一提炼

萧山区数据资源管理局充分发挥区级视野的优势，统一负责全区信息化建设项目立项审批工作，参与验收评审，避免重复建设；统一提炼"横向到边、纵向到底、平战结合"的优秀场景，试点先行，全区推广。目前已全面接入杭州市"双月攻坚"考核数据和场景，从重点攻坚、场景深化、重点场景应用等维度，动态展示考核目标、考核进度、横向排名等信息，便于全区各级各单位实时掌控城市数字化发展态势。未来将逐步拓展更多的市级优秀场景，包括停车领域的"先离场后付费""有车位无违停"，就医领域的"先看病后付费""最多付一次"，旅游领域的"10 秒找空房、20 秒景点入园、30 秒酒店入住""多游一小时"等，赋能基层数字治理。

（四）驾驶舱全区统一赋能

驾驶舱赋能是城市大脑"平台赋能、数据赋能、场景赋能"三大能力在驾驶舱建设过程中的综合应用。全区统一赋能，可节省大量建设时间和建设成本，便于基层治理者快速复制治理模式，推广治理手段，提升治理水平，共享治理成果。面对各类突发情况或本地特色需求，可创新个性化应用场景，灵活组合各类数据指标，快速配置并上线数字驾驶舱。为此可有效促进全区各部门、各镇街、各村社数字驾驶舱的高质量高效落地应用，为数字化、精准化基层数字治理赋能，从而全面拓展基层数字驾驶舱的广度与深度。现阶段，萧山区数据资源管理局已经提供了一般化、通用性的功能模块，在各部门、各镇街的消防烟感、视频监控等物联传感设备全量接入萧山平台的基础上，积极鼓励基层创新，支持在三级驾驶舱的整体框架下探索研发各自特有的功能模块，并将亮点成果提炼后向全区推广。

三、成 效

坚持需求导向，抓好精细要求，推动治理重心下沉，以治理成效提高基层治理的温度。

(一)基层社会更安定

瓜沥镇在镇街机长的领导下，针对当前平安建设面临的消防隐患整改难、电动车违章停车整治难、小区治安防控难、应急指挥调度难等四大难问题，通过"沥家园"智慧治理平台，设置了数字预警红线等以加强管控。此外，对比 2020 年 6 月与 2019 年底的村社上榜数据，黑榜村由 2019 年的 35 个，下降到 19 个，黄榜村与红榜村数量分别上升43.3％和30％；2020 年 6 月有效警情数 781 件，同比下降27％。截至 2020 年底，瓜沥镇火警同比下降22％，成灾同比下降 30.8％，实现了消防安全隐患"双下降"。2019 年瓜沥镇电瓶车亡人事故 17 起，2020 年涉及 7 起，电瓶车事故整体呈下降趋势。

(二)基层人民更幸福

"有一条新的意见反馈，请您登录驾驶舱做任务下达处理！"2020 年 5 月 11 日上午，八里桥村书记收到提醒短信。随后，他熟练地登录了"八里桥'沥家园'数字驾驶舱"，屏幕跳出来自村民的线上意见反馈。通过操作，任务处理工作立马传递至对应网格员。从村书记接到反馈，到网格员赶赴现场了解情况，整个过程不到 10 分钟。广大村民通过"沥家园"手机端体验了信息"一键达"、任务"一键抢"、办事"一键通"。"沥家园"自 2020 年 3

月上线到 6 月,参与人员达 1300 余人。村民许阿姨说:"不仅年轻人喜欢,老年人也很愿意参与。现在房前屋后环境整治、垃圾分类都不用担心了。"截至 2020 年底,该村共收到村民建议 216 条,累计发布任务 181 条,邻里互助 832 条。村民们积极参与基层治理和监督,形成向善向美的和谐氛围。

(三)基层智治更高效

基于萧山区统建的各级数字驾驶舱、泛在感知算法平台,快速实现对应急事件、安全事故、防汛抗台、突发性公共事件等领域的感知、预测、研判和反馈。通过"上情下达,下情上报"着眼全局,统筹规划,24 小时响应,推动一般常见问题及时处理、重大疑难问题有效解决,切实做到"数据能看、层层下钻、事件能转、应急能战"。数字驾驶舱对防汛数据和台风情况进行动态监测和预警分析,为全区防汛抗台指挥部决策提供大数据支撑,也为防汛一线的镇街干部靠前指挥精准赋能。

四、启示

数字驾驶舱可以让城市治理者随时随地了解本地区经济社会各领域的实时数据,从而实现"数据一屏展示、指标一屏分析、指挥一屏联动、治理一屏闭环、场景一屏透视"。

(一)勇于挑战,精益求精

萧山数字驾驶舱通过融合上海浦东优势、杭州中枢特色,致力于实现从量变到质变的整体突破。设计上,既要有杭州规范,又要有萧山思考;功能上,既要满足区级需求,又要能够赋能镇街;应用上,既要体现仪表盘,又要成为操纵杆。

(二)展望未来,擦亮"萧山名片"

下一步萧山会更快、更全面地推动数字驾驶舱的迭代开发,不断探索、创新、丰富各项功能和应用场景,持续推进城市治理精细化,让百姓拥有更多幸福感、获得感，不断擦亮现代治理能力、基层治理数字化的"萧山名片"。

（三）让城市会思考，让生活更美好

数字驾驶舱是加快推进政府数字化转型，打造现代智慧城市，积极探索以信息化推进治理体系和治理能力现代化的关键路径。萧山区在浙江省率先实现了1个区级驾驶舱、22个镇街驾驶舱和549个村社驾驶舱的一体化建设，为萧山治理体系和治理能力现代化打下了一个坚实的基础，真正让"大脑"更聪明、让城市会思考、让生活更美好。

（资料来源：杭州市萧山区）

案例点评：

数字驾驶舱是城市生命体征的动态监测窗口，是超视距的城市科学治理工具，是城市治理成果的数字化指挥界面。通过数字驾驶舱的建设，可充分利用城市大脑汇集的多层次、多线条、多角度、全时空、全天候、全场景数据资源，让城市"态势可看、数据可钻、事件可转、指挥可战"，从而助力城市治理模式从"人力治城"向"数据治城"的智能化、智慧化方向转变，实现城市治理能力现代化升级。

一体化数字驾驶舱具有"平台赋能、数据赋能、场景赋能"的功能，萧山区区、镇、村三级一体化驾驶舱有助于基层智慧治理的全领域、全人群覆盖，推动基层执法管理精准化、风险管控智能化、应急保障协同化，实现便民服务更可及、权力运行更透明、群众参与更积极。在此之外需明确一点，数据是新的生产要素，是数字化改革和数字治理的基础。要保证数字驾驶舱的治理赋能效率，需要进一步、深层次地布局"一网统管"建设，推进数据全量全要素归集，促进数据资源的高效高质量应用实践，从而才能推动社会治理的高质量发展。

杨武剑

浙大城市学院城市大脑研究院、浙大城市学院计算机与计算科学学院

城市交通"延误指数"应用系统

一、背 景

近年来,杭州城市大脑的持续建设,推动着杭州治理体系和治理能力现代化。科学化、精细化、智能化的措施,客观上推动了城市管理手段、管理模式、管理理念创新。针对城市交通缓堵工作,余杭平台也做了一定的探索和尝试,基于"延误指数"应用系统产出数据及评估结果,数字化全链条应用于现代交通缓堵工作。"延误指数"应用系统在浙江省城市大脑建设典型场景评比中荣获第七名,也是前30名中唯一的交通类场景,同时助力余杭区在城市大脑"630"和"930""畅快出行"项目的考核评比分别排名第三和第二。

近20年来的智能交通建设,使得交通管理丰富多样,也带来数据的多样和异构。同时近年来群众需求日益扩大,对于交通管理提出了更加精细化的要求,群众"治堵治堵,越治越堵"的体验,反映了出行需求成倍增长后,城市的发展和管理方法已无法匹配的现实。杭州市余杭区近年来经济社会高速发展,实有人口已经突破了320万,人员和货物的日常交通需求日益增加。同时余杭区不实行限号措施,38%的日均交通量为非浙A号牌车辆。2017年至2020年,余杭区日均交通量以近3%的速度增长,至2020年11月,日均交通量已高达121.3万辆,日均在途量已达到6.6万辆,年均上涨8.4%。面对日益上涨的交通需求,城市发展不能陷入无休止的修路架桥的循环中,如何充分利用现有道路资源,对交通流进行科学调配。以未来科技城区域为例,该区域是余杭区乃至杭州市的高新经济产业高地,交通需求量持续增强,而道路通行能力和服务水平直接影响着行政、经济等。

"延误指数"应用系统的建设主要有三大意义：一是建立全面准确及时的城市交通状况评价系统;二是通过三个维度(区域、路段、路口)的交通指标的实时输出,将数据全流程应用于缓堵措施(区域交通两级诱导和路口时空资源调配);三是开展施工区域数据指引下的缓堵工作。

二、举 措

城市交通"延误指数"应用系统的主要逻辑思路是基于路测的全项数据在缓堵措施中的全流程应用,使得传统流程再造,提高措施的精准性,防止拍脑袋的决策,尝试渗透至治堵措施的全流程。本场景的技术核心在于交通数据的多元融合,即融合两方面数据,一方面,是充分利用公安、交管部门的路口数据,例如卡口、监控及雷达数据;另一方面,是互联网浮动车数据,将两者在路口和路段中不同的优势点融合并发挥其最大效用。同时通过三次视频结构化,路面机动车识别成功率达到95%以上,也就是说,用实时在道路上行驶的95%的机动车数据对整体交通进行评价,实现了全面、准确和实时的数据底盘目标。目前日均产出算法数据12.33GB。

以未来科技城为例,主要发力点在于以下三方面。

(一)打通施工路段的数据双向通道

即获取施工路段实时路口数据,同时实现对路口信号的控制。浙江省首次打通5G固定IP通信通道,用于采集施工道路的数据,同时实现了数据指引下的信号控制方案的下发,在施工路段实现了信号控制的自适应,为啃下硬骨头奠定了数据和通信基础(见图1)。

图1　施工路段通过5G通信网进行数据采集及控制

(二)数据驱动的柔性和硬性需求引导

对道路资源和时间资源的再次平衡分配,是提高通行效率的源头,同时也体现了交通服务水平。总体思路是把文一西路的交通流分散至余杭塘路和文二西路,同时提高南北向道(荆长大道、高教路、聚橙路、良睦路)通行能力,以承接分流后的交通量。

在文一西路进入余杭区入口处,设置了每隔5分钟更新的二次诱导屏,实现传统管理者与交通参与者获得信息的实时对等。首先,为驾驶者提供即将进入区域道路的宏观状况,其次,100米后提供选择道路所需的实时路况视频(见图2、图3、图4)。

图2　道路实时路况视频

图 3　基于数据的路网及路况二级软性诱导

图 4　车道级拥堵情况路网发布及分流道路路况

（三）基于数据的时空资源实时分配

对于机动车流的时空实时分配在 2019 年底就已经实现，但是存在使用了可变车道后，并没达到设计的预期效果的问题，因此需要从以下两点发力：一是使用历史数据积累。通过仿真系统先行对优化方案进行验证，在数据端剔除效果不佳的实施方案。防止出现烂尾工程和无效工程。

二是施工工艺更加人性化。参考驾驶心因性因素，绿色可变车道匹配绿色可变发光标志，引起驾驶员的注意，同时注重发光标志的可识别性。提高可变车道的利用率，通过算法每 15 分钟滚动计算，确定是否进行车道空间再分配，如需调整分配，在下车道变更的同时，调整时间分配（各方向信号放行时间），如图 5 所示。

图 5　考虑驾驶心因性因素的工程建设

三、成 效

通过以上三方面的措施，实现了区域交通两级诱导和路口时空资源调配工作的数据全流程应用，为大规模应用做好了准备。效果主要体现在以下三方面。

(一)交通流分布诱导效果显著

未来科技城区域东西向三条主干线道路、文一西路的流量承担值明显降低,文二西路、余杭塘路的流量承担值明显上升。柔性和硬性相结合的交通需求诱导产生了一定作用(见表1)。

表1　未来科技城东西向三条主干线交通量对比情况　　单位:%

时间	文一西路 交通量占比	文二西路 交通量占比	余杭塘路 交通量占比
2020 年 6 月	34.50	38.13	27.38
2020 年 9 月	14.46	47.77	37.77

(二)区域通行效率提高

未来科技城区域 2020 年 10 月交通数据与 2019 年同期相比,区域延误指数下降 10.45%。最大排队长度持平,平均停车次数降低了 31%。临平主城区延误指数下降 12.09%,排队长度降低 16.42%,平均停车次数减少 24.53%。在设置了智能可变车道路口后,饱和流状态下,通行效率提高了 8.3%,延误指数降低了 21.9%。

(三)全区通行能力提高

随着城市大脑余杭平台交通模块的持续深化开发及使用,试点区域的研发成果也带动和促进了全区道路通行效率的提高。2020 年年均拥堵指数(1.24)与未开展城市大脑相关工作的 2017 年相比下降了 9.8%。

四、启　示

"延误指数"应用系统的建设,是基于城市大脑的数据融合与算力能力,也是数据助力城市交通拥堵的初步尝试,其意义不仅仅局限于交通缓堵,更在于交通管理者理念的变革,对于数据力量的重新认识。随着工作的不断深入,流程再造逐渐明晰起来,对于城市大脑的相关建设者,其意义在于：(1)对于政府传统职能、运行规则和逻辑的重构；(2)对于公共社会资源的再分配；(3)提高政府的公信力和市民对城市的认同感。

面对日益庞大的交通规模和前后端设备规模，采用数据驱动的综合治理手段是可见可行的道路。目前我们遇到的最大问题在于通信链路能力差，前端有大量的结构化数据、图像和视频数据，实时传输给目前的通信网络带来很大的压力，成为部分区域的瓶颈点。也就是说，云边端这三个层次中，目前最大问题在边。解决"边"的通信能力是当务之急。期望实现"边"的数据自行运算处理，仅通过通信网络与云之间传送数据，减轻通信网络的负载压力。

(资料来源：杭州市余杭区)

案例点评：

交通拥堵一向是阻碍城市发展的"老大难"问题，也是市民反映强烈的突出问题，如何实现还路于民、还畅于民、还时于民成为解决交通拥堵难题的重中之重。城市交通"延误指数"应用系统通过利用智能交通信息设备，辅以雷达数据、互联网浮动车数据等，对有效完成治堵保畅工作起到了事半功倍的作用。对市民而言，通过这一系统可以了解当前所需路况信息；对管理者而言，治堵的策略从过去的宏观整体决策逐渐朝路口精细化控制方向发展，对比分析系统的历史数据和现实数据也能够更好调整治堵方案。

当前，受城市居民的出行需求、司机动态驾驶行为以及复杂的城市路网结构等因素影响，交通流具有较强的周期性、随机性和时空特性，因此城市交通"延误指数"应用系统在实现交通流短时预测方面仍有不足。治堵之路尚漫漫，该系统需要继续深度学习，突破常规趋势预测瓶颈，进一步提升智能化、精细化治堵水平。

杨武剑

浙大城市学院城市大脑研究院、浙大城市学院计算机与计算科学学院

"入学早知道"场景

一、背 景

"入学早知道"是一款由余杭区教育局、数据资源管理局联合开发建设的城市大脑余杭平台教育类场景,具备学校、学区信息展示、招生入学相关政策查询、智能匹配对口学校等功能。该场景通过数据协同,推进教育资源优化配置,引导家长合理决策,有效缓解了余杭区入学难问题。

近年来,随着经济社会快速发展,人才政策利好不断,大量人才选择来余杭工作定居。余杭区户籍人口、市内区外户籍人口和常住人口数量均涨幅明显,增速显著高于杭州市其他区。从户籍人口来看,杭州市的增长率维持在2.7%,而余杭区则达到6%;2019年余杭区新增人口28.8万,占比超过杭州市新增常住人口的一半。

在余杭区人口迅猛增长的背景下,各学段入学适龄儿童数量也在快速增加。仅2020年,幼儿园小班新生增长14.8%,小学一年级新生增长8.7%,现已分别达到25913人和25620人,但学校与学位数量的增长速度远远赶不上适龄儿童数量的增长速度;同时,增加的学生呈现出区域集中、难以提前预估的特点,影响学校布点精准规划,造成局部教育资源压力不断加大,余杭区教育局的入学入园纠纷近年来持续高发。

激增的学龄人口与相对短缺的教育资源是一个短期内无法彻底消除的矛盾。在信息不对称的背景下,家长难以及时了解最新的教育资源分布信息,并结合自身情况做出合理的入学入园决策,是引起教育纠纷的重要原因。如何将最新的教育资源饱和程度和入学相关政策及时有效地传达给学龄儿童家长,引导其向教育资源更充足的区域有序流动,充分实现教育资源的优化配置,有效缓解入学难问题,是余杭区教育部门亟待解决的问题。

二、举 措

(一)牵头总抓,谋划"入学早知道"场景

余杭区教育局牵头,数管局协助,并协同公安、人才、住建、交通、规资、团委、人社等 12 个部门,共同谋划"入学早知道"场景建设。"入学早知道"以余杭区实有人口库为基础,基于疏解需求和强化供给共同化解入学现状痛点的思路,按照 V 字模型建设逻辑,强化数据互通与服务触达。同时,为保证以上协同任务落到实处,进一步建立了涉及各部门的三级指标体系,把任务拆解到最小单元,形成超过 100 项具体指标。在明确任务指标后,通过流程再造等部门内部的协同机制,以及数字化的科技手段,最终集成及时、精准的应用终端界面。

(二)重塑流程,建好"一键求解"功能模块

打破既往教育信息发布模式与教育资源供给模式,以数据协同和业务协同为重要手段,重塑教育资源供需模式,力求"一键求解"。"入学早知道"市民端集成了"看学校""查政策""搜匹配"等三大功能模块,通过查询,家长不仅可了解到学校的地理位置、学区范围、学校实景、办学特色、师资情况,以及学校过去三年学位情况和未来三年招生报名预警情况,也可以查看各阶段学校的招生政策信息,以及培训机构最新的考核信息等。

(三)服务创新,推动场景应用迭代升级

在不断完善"入学早知道"1.0 版的基础上,实现"入学早知道"到"教育一件事"的迭代升级。一方面,积极打造基于数字驱动的"教育智理、教育智治、教育智服、教育智学"四大主题多个应用模块。例如,打造数字化的校园安防,实现校园安全管理全时段、全覆盖;通过"名师优课"建设,利用 5G、人工智能及 AI 技术,推动课堂教学数字化改革,实现区域优质教育资源共享。另一方面,进一步推进小切口多跨协同应用场景建设。在应用场景上,通过向培训机构有机延伸,强化对培训机构的全流程规范化管理,

切实落实国家"双减"要求；通过向未来社区教育有机延伸，提升幼托和终身教育的服务质量，推进全生命周期教育数字化体系的建设。

三、特色亮点

（一）重构供需对接模式，变"人找信息"为"信息找人"

"入学早知道"一套数据服务两端，通过人口数据挖掘，准确掌握入学入园需求和教育服务能力的现状与趋势，强化信息整合与发布，让市民客观认识供给情况，让政府客观掌握需求现状与趋势，实现了三个"早知道"——全区统筹"早知道"、职能部门"早知道"、市民"早知道"，推进了"三个协同"——政策协同、业务协同、个人决策协同。在需求引导方面，"入学早知道"打破传统被动式教育信息供给模式，改变了群众对教育信息了解碎片化的现状，同时，强化供需对接，整合教育信息，解决了信息不对称问题，为市民提供最大化的便利，引导家长理性购房迁户，有序分流生源，有效缓解了入学难等问题。

（二）打通数据传输通道，变"层层求解"为"一键求解"

该场景打通了教育、人口、房产、民政、残联、统一地址库等约4000万条数据，构建了入园入学人口预测模型和学校报名预警模型；集成了入学报名业务系统入口和其他与入园入学相关的业务办理入口，实现了市民一键报名。市民在进入报名系统后可在对学校信息、政策信息、个人入学信息详细查询的基础上实施报名；在前期查询下市民个人若发现自己的现有条件与目标学校有一定差距，可根据入学政策指示，通过人才申办、户籍迁入或居住证积分办理等实现入学。该场景提供了一键进入户籍办理、积分查询、人才申办等的入口，实现了"信息—决策—行动"的一站式服务。

（三）推进择校减负智治，变"家长跑腿"为"数据跑腿"

在"入学早知道"市民端"搜匹配"模块，市民可根据个人或家庭信息查询孩子所对口的学校和所属的招生类型。按"户籍匹配""居住证匹配""房产匹配"等字段，家长们只要填写自己和孩子的相关基本信息，就能够智能化匹配到对口的学校和所属的招生类型,并了解该学校的详细信息。"搜匹配"可以正确引导有子女入学需求的家长到预警为绿色的镇街购房落户或办理居住证,长期来看,可以实现余杭区入学的均衡合理发展。

四、成效及启示

自 2020 年 10 月份上线运行至 2020 年底,该场景累计访问量达 22.7 万人次,其中 25—34 岁家长占比 70.6％,平均访问时长 4 分 27 秒。一方面,该场景极大提升了教育咨询服务质量,关于入学入园问题线上线下的上访和咨询量同比分别下降 80％和 52％;另一方面,群访、越级上访问题得到有效控制,2021 秋季招生整体工作平稳有序,家长满意度得到很大提升。

"入学早知道"场景已经获得国家版权局颁发的软著证书。该场景运用大数据等新兴技术,直面教育领域的难点、堵点问题,打破传统被动式教育资源供给模式,强化供需对接,重塑高效供给模式,有望成为缓解"入学难"这一教育领域传统难题的有效抓手,为教育行政决策提供有效支撑,更能给广大市民家长带来实实在在的便利。

（资料来源:杭州市余杭区）

案例点评:

"入学早知道"场景是对数字社会中"学有所教"公共服务需求的积极探索。针对入园入学难、教育信息不对称等社会普遍性痛点和难点,该场景串联起公安、人才、住建、交通、规资、团委、人社等 12 个相关部门的数据,打通数据传输通道,以一套数据服务市民端和政府端,既为家长提供一站式入学服务,也为政府科学合理决策提供动态监测,在学校和家长间架起一座互联互通的"数智"桥梁。该场景以数字化手段,通过数据多跑腿,以信息主动匹配人,大大减轻了家长和政府的难处,重构了教育领域中供需对接模式,完善了优质公共服务资源统筹机制,是个值得复制和推广的优质场景应用。

木春琳
浙大城市学院幸福城市研究院

"数说农批"场景

一、背景

良渚街道位于杭州主城区北部、余杭区东部，距市中心约 10 千米，与杭州主城区无缝接轨，地理位置得天独厚，交通优势明显，是杭州北部的交通枢纽。街道区域面积 101.69 平方千米，下辖 23 个建制村，12 个社区，户籍人口 9.45 万，实有人口 22.28 万。良渚正处于经济社会快速发展的阶段，既有绕城以南城市化建设，又有绕城以北良渚遗址的美丽乡村建设；随着外来人口的大量涌入，基础设施快速推进，社会管理压力日益增大，社会矛盾日益凸显。尤其以辖区内杭州农副产品物流中心（以下简称杭州农副中心）为核心的区域，基层治理难点尤显（见图 1）。

图 1　杭州农副产品物流中心地理位置

杭州农副中心于 2008 年正式对外营业，规划建设用地 2.71 平方千米，年营业额超 500 亿元，是杭州市民保供应及平物价的基地，也是浙江省最大的"菜篮子"和"米袋子"。该中心的快速经营发展,给良渚街道带来了较多的基层民生治理难点,包括市场经营主体多样,管理难度大,人员和车辆流量大,周边交通严重拥堵,信访和警情量居高不下,周边环境脏乱差等。

二、举 措

随着城市大脑数字化治理方式的广泛应用与成熟,2020 年,良渚街道通过建设"数说农批"数字驾驶舱,实现了数据可视化、实时预警、辅助决策、指挥调度等功能,有效穿透了中心的各类治理关键点,形成了辅助街道治理和民生服务的信息服务面,并规划了"可看、可管、可控"不同阶段的数字能力建设路径,探索与实践街道级的民生治理难点数字化模式。

(一)数据多元融合,打造"人货车"市场一张图

良渚基于杭州城市大脑的技术平台和海量数据,利用杭州中枢系统和余杭中枢枢纽的连接能力,突破性实现局部数据下基层,推动基层治理、公安、交管、市场运营等多元数据入仓,动态全面了解街道概况,并实时掌握杭州农副中心内人、车、货、商户和经营主体运行状态,打造市场的"人货车"一张图。

1. 构建市场一张图数据指标体系

良渚街道基于杭州农副中心实际生产经营及治理服务的情况,采用调研、走访等多种方式,走访杭州农副中心及经营主体 10 次,相关部门调研 14 次,有效梳理形成了能支撑市场治理服务的一张图数据指标分解框架(见表 1)。

表 1　杭州农副中心数据指标分析框架

分类	名称	内容	对接方式	1230 对接评估	来源单位	来源系统	更新频率
基层治理	区域经济（人）	常住人口（数量）、流动人口（数量）、经营户数量、从业人员数量	与大脑侧一致	可接入	良渚派出所/余杭公安分局	警务通	与大脑侧一致
	区域经济（房）	园区面积、十大市场的占地面积	人工录入	可接入	市场管理中心	无	常态数据按需更新
	区域经济（企）	园区商户总量	人工录入	可接入	市场管理中心	无	常态数据按需更新
	警源事件数	受理总数、处结数量、分类数量（感情纠纷、家庭纠纷、经济纠纷、邻里纠纷、劳资纠纷、消费纠纷、租赁纠纷、其他纠纷，可展示占比高的主要类型）处结率等	可对接系统或手动更新	可接入	综合治理指挥部	省厅统一接警系统	每周
	警源事件详情	接警单编号、报警时间、报警内容、报警电话、接警单警情地址、所属社区、最终反馈警情分类及大小类、最终反馈内容、是否终结（滚动展示）	可对接系统或手动更新	可接入	综合治理指挥部	省厅统一接警系统	每周
人员管理	园区总体人流量	人数、年龄、性别、消费水平、兴趣爱好	系统对接	可接入	每日互动	云合实时人口动态数盘（个推平台数据）	10 分钟
	十大市场的人流控制	各市场人流量	系统对接	可接入	每日互动	云合实时人口动态数盘（个推数据）	10 分钟

续表

分类	名称	内容	对接方式	1230 对接评估	来源单位	来源系统	更新频率
车辆管理	市场进出车辆	区域内的车辆总量及区域内单位时间的区间流量及区域内单位时间路的车辆类型（大、小车）、指定道路的车辆类型（大、小车）、场内转运车、场外货车	系统对接	可接入	交管部门	内部监管系统	总量按天 指定道路10分钟
	拥堵情况	交通延误指数（指数）、主干道匀速（速度）	系统对接	待定	交管部门	城市大脑相关平台、慧眼勤务实战平台	与对接平台一致
		实时路况	系统对接	可接入	交管部门（原则上）	互联网地图	按需更新
市场管理	市场信息	市场位置、摊位数量、商品数量、主要经营品类	—	—	各经营主体	—	按需更新
	商户信息	商户信息商户名称、经营品类、人场时间、经营年限	—	—	各经营主体	—	按需更新
	交易信息	日交易联	—	—	各经营主体	—	每天
	商品信息	批次、商品名称、商品数量、供应商、采购商、检验结果、来源	—	—	各经营主体	—	—

2. 多元数据汇集，形成市场数据资源集

基于一张图指标分析框架，依托城市大脑技术体的支撑，综合采用"内部数据＋外部对接＋其他渠道采集"的策略，通过数据交换等技术完成了以杭州农副中心为核心的街道内部数据、委办局和相关单位数据、经营外采数据，以及自生发数据的汇聚及融合。

街道内部数据包括财政收入/支出、企业利润总值、生产总值、访源等内部已有、持续汇总的统计数据类目。委办局和相关单位数据包括警源、诉源、常住/流动人口、防控防违、泊车、就医、生活服务、车流量、市场运营等来源于各委办局及相关单位的数据类目。经营外采数据包括杭州农副中心人流量等新建数据类目。自生发数据包括市场进出货车详情等自建系统采集、积累数据类目等。

3. 市场专题驾驶舱展现，实现市场治理"可看"

综合依托城市大脑可视化工具，在良渚街道驾驶舱中设置杭州农副中心专题，采用面—线—点的方式对市场治理数据进行综合展示，采用了阈值和关联场景设计等方式；对重点治理监督点采用子屏幕的方式进行数字预警和关联触发，以提高市场专题治理施政的针对性、前置性和效果可验证性。

专题驾驶舱首页核心展现杭州农副中心的基本情况，包括经营户、从业人数、累计交易量、当前的人流和车流数量，以及与市场相关的警情情况，并对市场来往的车辆、货物品类等进行动态展示。

在市场专题治理领域，以人力布控治理为例，通过移动信号数据与人员密度热力等的综合叠加，并结合人力画像对市场人群做刻画、分析与归类，完成对市场人流和风险的把控。

对于其他的车辆、货物按照数据指标框架同样设置了车辆和货物防控专题。在人流、车辆和货物专题数据之间形成钩稽关联，并针对关于人、车、货的突发事件形成立体数据防控响应机制。

（二）数据精准驱动，有效指导单元网格化治理措施

基于杭州农副中心治理驾驶舱专题的调研、数据汇集、开发建设及上线应用的全过程,良渚街道依托良好的"人货车"市场的实时数据规律及事件预警,对市场治理与服务实施更为精准的网格化治理措施,取得线上数据指导线下业务治理的松耦合(治理过程非全在线)。

1. 快速摸清市场经营底数,助力立体防控

在新冠疫情的初发期、市场恢复经营期以及外地新冠疫情突发期,驾驶舱的重点人群防疫布控功能第一时间为街道提供了较为准确的重点布控人员清单。清单有效助力街道快速连接经营主体,有效摸清杭州农副中心内 16000 余名经营户及员工的常态情况以及日常客流的异常情况,为杭州农副中心的疫情防控提供了高效、精准的数据支撑服务,全力保障杭州农副中心这一浙江省最大的"菜篮子""米袋子"供足价稳。

2. 实施食品检测数据穿透管理

联合市场监测中心的运营方完成农副商品检验数据的汇总集成,基于数字阈值预警以及历史检测指标的大数据归类,有效对食品安全检测数据、产销贸易量数据、重点人群数据等进行多维复核,一方面,实现良渚街道对市场监测中心的市场化运营方行使数据上的政府监管职能,确保少检、不检、滞后检等问题不会发生;另一方面,对检测超标的同批次货物或者同产地货物进行横向关联挖掘,进一步将对食品安全的防控扩展到相似商品上,更大力度地确保了食品安全工作的有效进行。

3. 动态调配市场交通管理力量

杭州农副中心停车场较少,停车位紧缺,基本为路内停车位,夜间停车混乱。在交易高峰时段,车辆和人员的大量涌入,易导致交通严重阻塞,进而诱发大量交通事故、矛盾纠纷和信访诉讼等。驾驶舱通过对货车进入时间、停留时间等一系列数据的统计分析,为交通疏导员警力配备以及杭州农副中心侧的经营活动主体聚合优化提供数字化建议。在基于数据指导下的动态优化措施实施初期,杭州农副中心夜间高峰期的拥堵现象有了明显的改善,为后续的长效改善措施的实施争取了治理时间与空间。

(三)治理症结分块解析,精准定义治理分阶段路径

杭州农副中心驾驶舱专题 2020 年上线,首期在立体化防疫防控、食品

安全监管、交通拥堵缓解三大关键难点上实现了数据赋能治理。与此同时，良渚街道依托对"人货车"市场一张图数据的综合分析与研判，基于数字化分析对市场治理难点症结进行了分块，有效确定了杭州农副中心未来治理改善和业务转型的方向，为市场治理长效机制的形成进行了数字赋能。

市场治理长效机制初步确定为杭州农副中心内人、车、货、场和资金的全面有效管理与协同。联动各管理部门，构建人、车、货集中式智能化管理模式，通过数据多维度分析，及时发现问题。通过天网和地网的结合，实现市场交易和交割分离，推动交易电子化、农贸市场电商化、物流配送智能化、资源共享化、产供销一体化等产业转型升级。基于此长效机制的确定，良渚街道制定了杭州农副中心2021年线上线下改造优化的一揽子方案，并根据公益性还是市场性的主体原则区分，分类落实建设模式和资金支持方式，实现了有效治理措施的对应及精准项目的投资储备与决策。

三、成 效

良渚街道的"数说农批"数字化治理驾驶舱专题在2020年实现了"可看"的第一阶段应用目标，在数据赋能业务治理方面，辅助杭州农副中心进行了及时、精准及闭环治理，进而在新冠疫情立体化防疫、食品安全监管提升以及中心环境治理改善等方面形成了较好的初步应用成效。在场景创新方面，街道级的场景落地及应用呈现了一定效果，为城市大脑的应用数据融合演变并服务中国基层最小治理单元提供了实践案例。

（一）数据赋能业务治理的成效

在新冠疫情立体化防疫方面，依托市场人群画像及圈定清单功能，做好常态化防疫信息的全面汇聚，并针对性地健全冷链食品物防体系，全面贯彻推行"冷链码"，落实物流园区进口冷冻食品"批批检"。

在食品安全监管提升方面，通过检测数据的有效汇聚及集成，补齐杭州农副中心商品安全监管的短板，以数据的价值帮助街道、检测中心、市场经营主体在食品安全监管方面形成三方联动一体的新机制,有效提高了食品安全检查的管理强度,确保杭州乃至周边的"菜篮子"和"米袋子"供应安全。

在市场环境治理改善方面,通过对车辆数据的综合分析,并结合杭州农副中心经营主体的分布情况,优化警力部署,分块设置区域。杭州农副中心的交通拥堵现象在 2020 年底有明显好转。

(二)城市大脑场景创新的模式成效

杭州农副中心驾驶舱专题创新性地使将街道内部数据、委办局和相关单位数据经营外采数据,以及自生发数据在综合治理场景上融合。这是街道层面围绕民生难点治理实践实现数据赋能的初次尝试,取得了良好的应用效果。杭州农副中心驾驶舱是城市大脑向街道级场景延伸的一个试点,将有效改善以前各层级重复建设信息系统的情况,数据孤岛、数据重复、多头录入等问题也将不在源头持续发生,为政府的数据治理提供了反向保障。

四、启 示

该场景的建设存在一定重点和难点:在街道层面的城市大脑场景建设中,价值场景的选取以及后续数据赋能应用方式的确定是重点;多源数据的接入与整合,尤其是涉及非政府范围的产业数据和第三方服务数据是难点。

2020 年,杭州农副中心驾驶舱专题更多的是试点和探索,初步实现市场治理的"可看",后续要基于驾驶舱并结合实践经验推动治理策略能有效落实,逐步推进农副产品的流通现代化、数字化、智能化,进而服务和支持以国内为主的产业消费大循环。

城市的治理除了要找寻应用面大、效果显著的场景应用,业务综合痛点多且复杂的场景更应该用数字化手段赋能治理,有效改善清除社会治理顽疾,社会的发展才会更加平衡与协同。

(资料来源:杭州市余杭区)

案例点评:

数字化改革是杭州农副中心未来发展的必由之路,特别是新冠疫情的暴发加速了传统农批市场的数字化转型,全面助推农批市场高质量发展。"数说农批"数字驾驶舱的应用能够实现数据可视化、可预测,为职能部门做出科学决策、指挥调度等提供有效的数据支撑。"数说农批"体现的是对数字经济时代的适应与创新,通过农批市场的各类治理关键点的数字"说话",有效形成辅助街道治理和民生服务的信息服务面,并规划"可看、可管、可控"不同阶段的数字能力建设路径,以有效赋能良渚街道对杭州农副中心的治理与服务,实现农批市场数字化转型升级。

在未来,如何进一步使"数说农批"在更多地区得以复制和推广,则需要多方协同合作:政府需要做好整体规划,增加农业信息技术的投入;市场主体应重视数据采集和提高应用整合能力,丰富商业模式;社会需要加强农业高素质人才的培养,提升商户熟练使用农批数字化工具的能力,因此政府、市场与社会形成协同合力,共同应对农批市场的机遇与挑战。

王晨

浙大城市学院城市大脑研究院、浙大城市学院法学院

网络订餐"全程可视放心"场景

一、背 景

随着互联网的不断升级,外卖行业飞速发展,据统计,杭州市桐庐县网络订餐年订单量达 700 万单,销售额达 2 亿元,网络订餐商家 1203 家,涉及不同的餐饮业态,从业人员 3000 人以上。外卖行业如何监管市民才能吃得放心?为了有效减少网络订餐在食品安全、配送安全等方面存在的风险隐患,以全链路可视监管为抓手,围绕群众普遍关心的外卖食品安全问题,桐庐县依托数字化改革,打造网络订餐"全程可视放心"数字监管应用场景。

二、举 措

(一)围绕"整合十归集",建设集成式监管平台

整合现有"阳光厨房""食安慧眼"等四个硬件系统,对接"众食安""浙政钉""掌上执法""省市场监管局一体化平台"等 10 余个软件应用和数据库,实现综合性场景应用。归集散落在各职能单位、企业以及第三方平台关于食品供应、加工、生产、经营等方面的数据资源,统一标准,预留端口,实现数据综合利用。截至 2020 年底,已与市场监管、卫健、美团、中国移动、中国电信等 8 个政企单位实现数据互通 6000 余条,涉及外卖商户主体信息、骑手信息、阳光厨房视频、在线情况、食安封签使用信息等。

(二)围绕"全链条十全自动",构建智慧化监管闭环

一是信息自动比对,确保主体合法。自动比对政企数据,破解无证经

营、证照租借等问题。将证照登记信息(登记地点)、外卖平台商家信息(公示地点)、配送人员取餐位置信息(实际地点)三者进行比对，水电用量数据辅助印证，数据匹配异常时则自动预警。

二是数据自动抓取，确保人员健康。多渠道采集信息，破解食品接触者无证(健康证)上岗问题。接入配送平台和外卖商家基本信息、卫健系统健康证信息，自动采集打包台系统每日晨检数据和健康码数据，智能比对显示人员健康状态，出现异常立即警示商家主动叫停，确保餐饮从业人员及配送人员健康。

三是 AI 自动抓拍，确保出餐规范。通过 AI 智能抓拍系统，破解后厨环境脏乱差、操作不规范等问题。拓展"阳光厨房"区域，在出餐口、打包台等关键区域安装视频监控，发现违规行为第一时间推送给外卖商家要求整改，24 小时内未整改的列入监管预警名单；设立外卖红黑榜，通过系统公示、微信公众号推送、视频直播等形式进行曝光，倒逼外卖商家落实规范要求。

四是封签自动预警，确保配送安全。开发封签加贴预警功能，防范配送过程食物被开封风险。通过打包台抓取封签图片，采集封签数，并与订单数进行对比，对于数据不一致、未加贴食安封签情形的，自动向商家发出风险预警，保证配送过程食品安全(见图 1)。

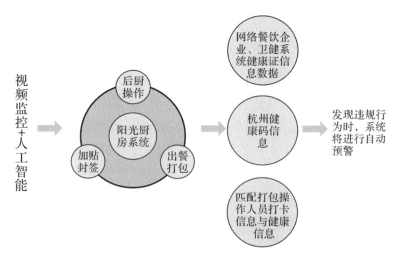

图 1　桐庐县网络订餐智慧化监管闭环

(三)围绕"线上十线下",打造全覆盖监管模式

一是线上全面覆盖。通过可视化地图,全景化动态展示桐庐县所有外卖商家具体位置、基础数据,配送人员轨迹等情况,每5秒刷新一次;后台可实时监测生成关键指标和预警信息。监管人员利用"众食安""掌上执法""浙政钉"等常用APP开展各类检查,检查结果实时交互共享,并被纳入动态数据库,为线上监测提供分析信息。

二是线下快速处置。对于系统生成的预警信息,需要现场核查的可直接地图锁定,直连相应区域监管人员手机端,短信十浙政钉通报预警内容、详细位置、导航路线和负责人联系方式等,监管人员必须在时限内完成核查,未完成的生成记录,内部绩效督查定期跟进。截至2020年底,已生成预警核查任务136件,其中线上处置106件,线下处置20件,平均处置时间13分钟/件,实现了"显示精确到点、预警精确到秒、核查精确到分、督查精确到时"。

(四)围绕"监管十服务",全面提升外卖餐饮安全水平

一是数字监管直接高效。全面建设外卖商家阳光厨房,监管人员可以直接查看外卖商家的后厨情况;通过AI智能抓拍厨房内的违规操作,全天24小时巡检,让违规操作无所遁形;通过驾驶舱全面了解辖区外卖商家、配送人员的情况,让监管更高效,释放了监管力量。

二是数字监管精准规范。数字监管让监管更有针对性,避免出现"劣币驱除良币"的现象,对问题单位进行监管,促使问题单位进行整改。无事不扰、静默监管,释放了个体餐饮的活力,提升了餐饮的服务质量,守护了消费者舌尖上的安全。

三是数字监管全面服务。全面推行食安封签,厘清了外卖商家、配送人员、消费者在订餐、制餐、送餐、收餐、用餐各环节的责任,让外卖商家用心制餐、配送人员耐心送餐、消费者放心用餐。全面压实外卖平台责任,为好的外卖商家提供政策支持,让更多更好的外卖商家脱颖而出,让消费体验范围更广。全面推动阳光厨房视频上线,消费者可通过外卖平台直接查

看后厨操作,吃得更安心。

三、成 效

桐庐县网络订餐数字化监管场景上线以来至 2020 年底,在阳光厨房上线的外卖商家有 718 家,占在营外卖单位的 80%,外卖商家证照合规率、健康证持证率、封签加贴率分别从 70%、85%、60% 提升至 100%、98%、100%,后厨操作违规数从 9.23 次/日降至 3.45 次/日,外卖食品安全、配送安全等风险隐患大大减少。此外,桐庐县还制定实施了《网络订餐数字化监督管理办法》,明确网络订餐食品安全监管过程中各单位的责任,通过场景反馈数据精准开展日常监管,形成实时预警、快速处置、分析运用的闭环监管网。依托该场景,桐庐县网络订餐形成了"经营主体责任压实、政府协同高效监管、社会多元共治共赢"的食品安全现代化治理体系,有效营造了让消费者放心的消费环境。

四、启 示

桐庐县紧扣食品安全的重大需求,围绕网络餐饮全链条智慧管理,以城市大脑场景应用为抓手,全力打造网络订餐全流程数字化监管平台,是互联网监管领域的一次成功尝试,为网络餐饮有效监管走出了一条路子,在全国具有引领性、示范性。

桐庐网络订餐数字化监管场景引入社会力量参与场景建设,政府负责系统开发和车辆数据采集器安装,外卖商家承担"阳光厨房 2.0 版"硬件投入,外卖平台通过置顶展示、补贴提高、佣金下调等激励政策反哺外卖商家,形成了共建、共治、共享的治理新格局。同时,整合市场监管、公安、人力社保、卫生健康等多个部门的职能,推动政府侧、社会侧、企业侧和个人侧的高效协同,该场景贯通了外卖平台、外卖商家、配送人员等多个要素,实现从后厨到餐桌、从加工到配送、从外卖商家到配送人员的全链条、全自动的闭环管理。

桐庐网络订餐"全程可视放心"数字监管应用场景已经列入杭州市数字政府特色"扬长"应用,在 2021 年 8 月 29 日的浙江数字化改革重大应用成果发布会上,"浙江外卖在线"作为重大应用发布。接下来,桐庐县将从深挖数字优势、完善场景功能,增加商户体量、扩大场景影响,完善运行机制、实现良性增长等三个方面,进一步提升完善场景的数字化水平,打响"数智杭州"的桐庐品牌。

（资料来源：杭州市桐庐县）

案例点评：

民以食为天,食品安全一直是民生领域和流通领域的关键问题。数字经济时代,外卖餐饮需求量越来越大,各类食品质量问题也层出不穷。网络订餐场景以切实的需求导向为开发思路,以全链路可视监管为抓手,围绕群众普遍关心的外卖食品安全问题,运用数字监管手段提升消费者的满意度。该场景以平台为切入点,贯通了外卖平台、外卖商家、配送人员等多个要素,提高了数字化监管效率。与此同时,有效归集了不同应用入口,有助于提高平台工作效能和互联网服务的质量。

该场景具有较强的创新性,未来还有较大拓展空间,如推广到更多外卖商家、更广大区域。可进一步拓展平台应用,增加外卖商家、监管部门和消费者反馈等功能。

周佳

浙大城市学院城市大脑研究院、浙大城市学院传媒与人文学院

千岛湖水质水华预测预警数字驾驶舱

一、背 景

淳安县是习近平总书记在浙江工作时的基层联系点。习近平总书记十分重视关心淳安发展和千岛湖生态保护问题,七次到淳安调研指导工作,强调"淳安一定要在生态建设上当好示范,保护好环境,保护好千岛湖的优质水资源"。党的十八大以来,习近平总书记先后四次就千岛湖生态环境保护问题做出重要指示批示。2019 年 9 月 29 日,淳安特别生态功能区建设全面启动,标志着淳安发展进入了一个崭新阶段。同日,历时近五年建设的杭州千岛湖配供水工程正式通水运行。来自千岛湖的清泉,出淳安、过建德、穿桐庐、经富阳,奔腾而过 113 千米长的"人工地下暗河",流入杭城千家万户。

近年来随着库区周边及上游流域社会经济的不断发展和资源的不合理利用,水库的污染负荷相应增加,千岛湖水的透明度从 2001 年的 7.5 米降低到 2018 年的 3.7 米,叶绿素从 2001 年的 3.1 毫克/升上升至 2018 年的 6.2 毫克/升,水体出现了明显的富营养化加速迹象,并由此引发了藻类(鱼腥藻)的异常增殖。千岛湖蓝藻异常增殖事件出现的时间、位置具有较大的偶然性,对于每次事件的危害程度目前还没有能力预测,但近年来频次增加,危害有加大的趋势。特别是蓝藻异常增殖事件与气候变化关联密切,而气候波动的强度近年来明显加强。根据专家的推测,如果照现在的趋势发展下去,在未来十年千岛湖水质将会持续恶化,蓝藻水华将会大面积发生,而且可能会常态化,藻毒素和异味物质可能会对千岛湖供水安全构成威胁。2019 年,淳安县启动千岛湖水质水华预测预警项目立项工作,全面开启数字赋能千岛湖水保护工作。

二、举 措

千岛湖水质水华预测预警数字驾驶舱围绕水资源、水环境、水生态、水保护的"四水融合、四个维度"实时在线预测预警。同时,驾驶舱对湖区所有船舶、景点、酒店的污水排放、收集、处置实行全方位智能化管控,实现监控湖区污水"产生量可查、排放量可查、收集量可查"。

(一)实时采集数据,保障配水工程

采集千岛湖 50 年的气象和水文数据,15 年的水质监测数据,10 年以上的藻类基本结构数据,以及部分浮游动物、鱼类、底质等生态系统结构数据,并结合千岛湖目前的浮标自动监测数据、国家站定位监测数据、人工月监测数据、水文和气象实时监测数据、入湖河流监测数据、水质遥感数据等数据源,构建千岛湖水质数据库。抓住外源输入和水文气象过程对千岛湖水质、藻类生长的关键驱动条件,以千岛湖水质数据库数据为主要输入条件,以未来水文气象变化条件为预测预警输入变量,基于水动力空间输移扩散和藻类生长数值模拟预测,在抓住水体悬浮颗粒物、藻类生物量两个关键水质变量变化的基础上,模拟计算出未来 3—7 天千岛湖主要湖区水体蓝藻/硅藻生物量、悬浮颗粒物、水体透明度、总氮、总磷、高锰酸盐指数、氨氮等关键水质指标的时空变化。基于千岛湖等相关湖泊水质、藻类水华风险等级临界值确定,编制水质风险预警报告,为水质预测预警日常运行提供技术支撑。千岛湖水质水华预测预警数字驾驶舱技术路线图如图 1 所示。

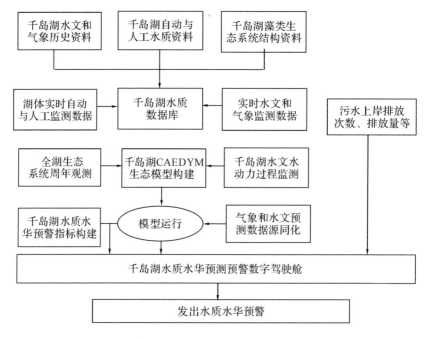

图1　千岛湖水质水华预测预警数字驾驶舱技术路线

(二)智能化预警处置，实现指令"一键触达"

千岛湖水质水华预测预警数字驾驶舱严格按照"在线协同、指令直达"的指挥功能要求设计，当出现预警信息时，驾驶舱第一时间以短信和钉钉形式联系相关工作人员，并根据预警级别、水华概率和预警区域启动应急预案，指派工作人员赶赴现场查实事件性质、发生时间、发生原因、涉及范围和人员财产损失情况。在事件处置完毕后，驾驶舱根据事件情况进行数据记录。

(三)强化业务场景融合，实现污水零排放

淳安县数据资源中心联合杭州市生态环境局淳安分局和杭州港航行政执法队淳安大队开发完成基于城市大脑的千岛湖水质水华预测预警数字驾驶舱。该驾驶舱打通了千岛湖污水上岸系统和千岛湖水质水华预测预警系统，实现了两个系统的数据交互、业务协同，以千岛湖水质数据库和污水上岸数据库为基础，运用数据模型模拟计算各项水质指标的时空变化，达到预测预警的目的。确保污水源头可控，水质情况可测。对湖区所有船

舶、景点、酒店的污水排放、收集、处置实行全方位智能化管控,实时监控湖区污水,建立污水上岸数据库,做到湖区污水源头管控、溯源管控,杜绝污水偷排入湖。同时安排污水回收中转趸船及机动污水收集船,服务各类船舶及沿湖无法将污水纳入市政管网的酒店景点和污水收集点,实现游船生活污水回收上岸处理和全湖区生活污水零排放,共护千岛湖"一湖碧水"。

三、成 效

(一)建成全国全域护水示范平台

千岛湖水质水华预警预测数字驾驶舱,已成为国内首个饮用水源地、贫中营养大型深水水库库区水质水华预测预警系统,为千岛湖的生态防控提供了重要保障,全面赋能杭州配水工程。该驾驶舱不仅将污水回收上岸,从源头上控制污水排放,实现千岛湖湖区污水零放,还以"高频自动监测—遥感影像解译—流域水文模拟—三维水动力水质模拟"体系为核心,借助多源数据管理平台、遥感大数据平台以及高频自动监测站网,实现了覆盖整个湖面的全方位数据监测。

(二)补齐了常规巡测短板

现场巡测人员打破固定巡测点位、固定敏感区域巡测模式,根据系统发布的预测预警报告,及时调整人工巡测的频次和区域,对不同时段不同区域进行强化巡测。这一"智能化预测预警＋人工巡测"的形式,不仅有效弥补了人工巡测耗时长、不全面的短板,也使得水质监测工作的针对性、实效性都得到了大幅提升。

四、启 示

千岛湖是整个杭州水系的重要源头。淳安的生态保护不仅是关系淳安一个县的大事,也是关系钱塘江的保护与利用、关系杭州市生态安全与长远发展的大事。淳安县要按照市委、市政府做深做透城市大脑应用场景的决策部署,着力提升千岛湖水质水华预测预警覆盖面,由以往单纯的库区监测向流域监测延伸,探索建立千岛湖流域监测体系,新增五座入湖口水质自动监测站,形成库区、流域的全方位监测体系,以实现更精准的千岛湖生态保护。

(资料来源:杭州市淳安县)

案例点评:

水体质量对于居民身心健康具有重要价值,保护水资源已经成为人类赖以生存的重要策略。但是伴随着人类的生产和生活需要,大量的污染物排入水体,已经成为威胁水质安全的主要原因。与此同时,气候变化和水生生态系统自身的演变也可能进一步加剧水体污染,威胁人类健康和区域的可持续发展。所以,习近平总书记提出的"绿水青山就是金山银山"和"山水林田湖草生命共同体"的环境保护理念,成为引领时代发展的重要国家战略。

千岛湖是全国重要的清洁水源地,水质常年维持在Ⅰ类,成为"农夫山泉"矿泉水和杭州等下游地区的主要饮用水源,保护千岛湖水质具有重要的现实意义。杭州城市大脑通过大数据监测和建模,准确预测了千岛湖水质的动态变化,从而实现对水体质量的动态调控,确保水质一直维持在Ⅰ类。城市大脑通过多方数据和算法的融合,不断迭代升级,提升水体质量的预测精度,预测突发事件对水质的影响,及时采取有效的应对措施。该场景对保障饮用水水质安全具有重要价值,可以在全国重要的水源地推广应用,确保居民的饮用水安全。

考虑到影响水质的复杂人类活动和自然因素,水质的预测模型仍需不断优化,考虑更多干扰因素的影响,提高模型的预测精度。同时,对于难以预测的突发因素,要提高应急反应能力,提升千岛湖水生生态系统的弹性和恢复力,形成生态系统和城市大脑相融合的基于自然的智能方案和系统。由于不同地区影响水质的人类活动的差异性,例如污染物排放源的差异等,该场景在其他水域应用的过程中,预警机制和算法仍需优化,以适应当地的水源地保护需求。

谷保静
浙大城市学院城市大脑研究院、浙江大学环境与资源学院

"两山银行"场景

一、背 景

淳安县下姜村是六任浙江省委书记的联系村,2018 年,淳安县委提出要打造全国践行"绿水青山就是金山银山"理论标杆县和乡村振兴发展示范区。2019 年 9 月,浙江省深改委批准设立淳安特别生态功能区。2022年 1 月 1 日,《杭州市淳安特别生态功能区条例》正式实施。在这个背景下,2020 年淳安县围绕特别生态功能区建设要求,在杭州市率先开展"两山银行"改革试点,"两山银行"是浙江大花园典型示范建设单位以及淳安特别生态功能区开展的一项重要改革试点,也是 2020 年杭州市的重点改革项目,其目的是拓宽"绿水青山就是金山银山"转化通道,探索建立生态产品价值实现机制,更好推动淳安高标准保护、高质量发展,闯出具有淳安特点的县域发展新路子。

按照"绿水青山就是金山银山"理念,借鉴商业银行"分散式输入,集中式输出"的模式,对淳安县闲置的生态资源资产(包括山林湖草、闲置农民房、生态景观等 9 类)进行摸排形成"一张图"。对具有开发价值的生态资源进行收储或统一管理,通过"两山银行"进行资源整合、项目策划、招商引资、金融支撑,将生态资源转化为生态资产和生态资本,推动生态项目开发;通过收益分红、租金收入、产业带动等方式,让村民、村集体充分享受生态保护的红利,并且将这个过程在线化,如图 1 所示。

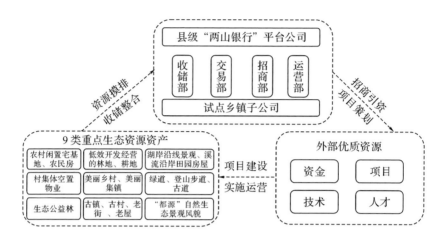

图1 "两山银行"建设思路

二、举措

(一)设立"两山银行"，设计"两山货币"体系

联合浙江省发规院开展淳安县生态系统生产总值（GEP）核算，深入研究论证，精心编制完成《淳安特别生态功能区"两山银行"试点实施方案》，明确试点的总体要求、实施范围、重点任务、实施步骤以及支撑保障举措。依托"两山银行"平台，对淳安县分散零碎、闲置沉睡的生态资源进行有序的收储流转、整合提升，引进社会资本进行适度开发和盘活经营，通过调查摸底、确权登记，形成淳安县生态资源清单、产权清单、项目清单和保护、开发、监管全过程工作机制，积极探索具有淳安特色的"绿水青山就是金山银山"高水平转化路径。

(二)收拢两山货币，建立银行资金池

结合国土空间规划和自然资源资产负债表编制，在全面高效整合各部门生态资源数据的基础上，根据乡镇上报、现场调查及确权，充分利用国产高分遥感卫星数据，确定淳安县自然资源资产整体情况，并通过数据整合，形成淳安县自然资源资产库目录清单和"一张图"，相关数据通过授权导入

"两山银行",并建设"绿水青山"模块,对这些资源进行收储流转、整合提升、动态更新后汇总展示具有开发潜力的生态资源资产数量和具体信息。

(三)借贷"两山货币",助力项目落地

对近期可供开发的闲置资源及低效开发项目,根据所有者意愿,通过租赁、入股、托管、赎买等多种形式,由县、乡镇、村项目公司集中收储,将资源流转到县"两山银行",由项目公司对分散资源进行整合提升,按照区域、产业分类,策划形成集中连片优质的自然资源资产项目包。并建设"金山银山"模块展示"两山银行"开发实施项目数量和推进情况,实现"价值评估、收储整合、项目策划、招商引资、建设实施、收益分享"全流程监督管理。

(四)做好"客户经理",助力政策落地

打通"亲清在线"和"两山银行"的数据,建设"惠企服务管家"模块,归集梳理淳安县各类惠企政策和补助信息,按照农业、文旅、生态制造等产业方向进行精准分类,定期向"两山银行"项目运营企业推送惠企信息,引导企业进入"亲清在线"平台申报。

(五)当好"投资顾问",助力"理财"落地

建好"绿色投资顾问"模块,在项目策划阶段,为县级、乡镇"两山银行"提供决策参考。一是结合"多规融合"理念,通过地图展示待开发生态资源资产周边的管制类区域、可开发类区域情况。二是展示各乡镇现有旅游景点、民宿酒店分布,气象、生态环境、地形等地理信息,以及交通、医院、学校等基础设施情况,提升项目谋划水平。

三、成 效

(一)开创了全国生态资源整体在线交易的先河

以银行的思维和理念,让市民自主将家里的闲置土地、房产、林地等搬到政府主导的"两山银行"平台上拍卖,没有中间商,买方在线购买,款项秒

到,政府保障审批流、资金流和数据流安全。

(二)实现了生态项目开发全生命周期数字化服务管理

截至 2020 年底,"两山银行"已摸排待开发生态资源 400 余个,拟推介招商项目 45 个,拟收储项目 22 个和拟实施项目 10 个。为进一步加快数据归集,推动数据整合、深化数据融合,实现"两山银行"资源高效配置,形成淳安县生态资源高标准保护、高质量发展的格局。"两山银行"场景围绕"调查、评估、管控、流转、储备、策划、提升、开发、监管"全过程工作机制开发,由"绿水青山指数＋金山银山指数＋绿色投资顾问＋惠企服务管家"4个功能模块组成,并与 14 家部门和商业平台打通数据、协同业务,实现生态项目开发全生命周期数字化服务管理。

四、启 示

"两山银行"的建设需要牢固树立和贯彻落实创新、协调、绿色、开放、共享的新发展理念,统筹推进"五位一体"总体格局。始终坚持"高水平保护,高质量发展"的战略要求,全面整合淳安县优势自然资源,加紧探索生态产品价值实现机制,加速实现生态资源向生态资金、生态资产、生态资本转化,加快建立以产业生态化和生态产业化为主体的生态经济体系,使淳安县域成为生态更优、发展更好、生活更幸福的浙江大花园样本地,努力打造浙江"重要窗口"生态特区魅力风景线和全国践行"绿水青山就是金山银山"理念的创新地。

(资料来源:杭州市淳安县)

案例点评:

淳安县下姜村以浙江省数字化改革为契机,积极探索数字化赋能"两山银行"建设。该场景上线后,初步实现了"五个协同",即平台协同,实现生态家底"一目了然";数据协同,实现项目评估"一键分析";业务协同,实现资源交易"一网办理";服务协同,实现项目支持"一站直达";监管协同,实现运营态势"一屏掌控"，有效破解了生态资源资产"排摸难、落地难、交易难、融资难、感知难"等堵点、难点问题，增加了村集体经济创收能级，初步打造了"绿水青山就是金山银山"转化全生命周期数字化服务体系，引导和带动更多社会资本参与共同富裕建设。

　　未来，在国家推进碳达峰、碳中和的战略背景下，可搭建碳汇交易平台，实现碳汇存储、交易等功能，助力"绿水青山"直接转化为"金山银山"。同时需要进一步明晰农村土地、山林等资源和房屋等资产的权属界线，创新交易规则，提高交易能力，并打造宣传平台，适度宣传推广"两山银行"的经验成效。

吴红列

浙大城市学院幸福城市研究院

鹰眼护航智慧管控平台

一、背 景

(一)公路里程长

建德市是浙西综合交通枢纽,境内交通网络密布,辖区公路里程总计1697千米。境内有320、330两条国道,路长97千米,国道里程数位居浙江省第一,另有省道65千米,县乡村道1539千米。

(二)货物运输发达

建德市碳酸钙资源较为丰富,货物运输业发达,辖区长期在运的工程自卸车达2000余辆,有南方、海螺、红狮三大水泥集团;辖区日运输量达8万吨,年矿产开采量1500万吨,年产水泥、熟料1400万,每年近3000万吨的货运量都是靠重型货车完成;加之近两年政府的各重大项目、重点工程进入实施阶段,重型货车流量急骤攀升。

(三)道路交通形势严峻

2015年以来,建德市共发生涉及重型货车道路交通死亡事故75起,占道路交通死亡事故总数的31.25%。通过对比分析,超速、疲劳驾驶、驾驶员手持方式拨打电话等有碍安全驾驶的行为是引发道路交通事故的主要原因,规范重型货车运营管理亟待破题。

二、举 措

(一)建立自卸车运输协会

交警警力有限,在管理上鞭长莫及,难以实现"动态实时管控"。针对建德市重型自卸车数量多、事故防控难等实际,交警大队通过社会化管理来缓解警力不足。经过前期与相关部门、运输企业(车队)的对接、筹划,2018年3月,成立建德市工程自卸货车运输协会,建德市22家货运企业、1200辆工程自卸车纳入协会统一监督管理。

(二)建立鹰眼护航智慧管控平台

协会成立后,交警大队着力寻找有效载体规范工程自卸车装载,引导工程自卸车驾驶员安全行车,减少工程自卸车超速超载、抛洒滴漏、车辆不洁等违规行为。2018年6月,建德市交警大队决定搭建全市鹰眼护航智慧管控平台,从源头上规范工程自卸车运输,促进驾驶员行为习惯养成。

(三)建立健全管理机制

1. 强化保障

交警大队采用政府扶持和企业主自筹的形式,争取到建德市政府每年近100万元经费解决平台的流量费、场租费及人员工资,设备安装费由运输企业主自筹,确保此项工作顺利推行。

2. 规范管理

由协会委托第三方在监控调度中心进行实时管理,协会每日安排一名副会长在监控调度中心实地配合检查,交警大队、运管处随机督查,工作人员实时监控车辆的运行状态。通过平台实时纠正、通报驾驶员不规范的驾驶行为;对有多次违规驾驶或驾驶员拒不整改的单位,由协会按照协会章程处理;对屡教不改或不履行安全管理职责的单位,由交警和运管部门按规处理。

3. 有序推进

结合辖区的实际，分阶段有序推进，首先对首批自愿加入协会的1200辆工程自卸车安装鹰眼护航智慧监控系统，后续安装其他自愿陆续加入协会的社会车辆。截至2020年底，总共安装2250余辆车，实现了建德全市工程自卸车的100%覆盖率。

鹰眼护航智慧管控平台突破传统定位器无声、无图、无智能分析的短板，集定位、图像、语音为一体，达到"三个实时、三个预防、一个全覆盖"的效果。一是实现"三个实时"：通过在工程自卸车上安装无线传输系统，实现对工程自卸车"活动轨迹实时传输、违规驾驶行为实时报警、纠正违规行为实时对讲"。二是实现"三个预防"：预防超速，全程监控车辆行驶速度，装载货物时限速为50千米/小时，空车状态限速为60千米/小时，车辆行驶中超过该速度，平台会自动预警，预防疲劳驾驶，增加了智能分析功能，通过驾驶员眨眼睛、打哈欠的频率和状态，分析驾驶员是否疲劳驾驶，对存在疲劳驾驶的行为，平台会自动预警。预防妨碍安全驾驶，车辆行驶过程中，如果驾驶员有玩手机、手持方式接听电话、吸烟等有碍安全驾驶的行为，平台会自动启动预警。三是实现"一个全覆盖"：在车辆的左右两侧分别安装了鱼眼摄像头，驾驶员也可以通过车载显示器查看车辆周围环境，实现盲区全覆盖，极大减少了道路交通事故隐患。

围绕"降事故减伤亡"的目标，鹰眼护航智慧管控平台在一期基础上进行再研发再升级。一是改变告警行为提醒模式。在原有基础上，对有关计算模组进行调整，由违规单次告警向违规事件告警转变，通过事件报警进行人工处理。通过数字化平台，对设备上传的数据进行对比分析，建立人性化的分析模型，提高报警的准确性，降低人工作业强度，从而更实时、有效、精准地提醒与规范驾驶员的驾驶行为。二是建立企业、车辆、驾驶员三维评分模型。对实时评分较低的车辆驾驶员进行实时提醒，将每周、每月评分较低的车辆、驾驶员和企业通报给协会和交警，并进行上门约谈和宣教工作。三是开通通行证审批，实时报备通行线路。利用平台，对所有在建德辖区运输的工程自卸车进行通行证审批和动员加入协会。对于驾驶员的行驶路线需提前上报的及原点授教要求，平台利用智能化分析比对，对未提前报备线路的车辆实时告警;对车辆通行时段、通行线路偏离情况进行自动告警。四是开发微信小程序端应用。对于整个工程车运输行业,要以人人参与、实时监管作为主抓手,开发小程序版的鹰眼护航监管系统,在原有 PC 端的数据服务基础上,提供移动端的管理工具。

三、成 效

建德市交警大队鹰眼护航智慧管控平台逐步形成杭州市公安局工程自卸车管理工作上可复制、可推广、可持续的成果,受到各级领导的批示肯定,周边兄弟单位先后来现场学习调研。2018 年 11 月 29 日,杭州市委、市政府向全市推广建德鹰眼智能化系统的建设。

建德市鹰眼护航智慧管控平台自 2018 年初运行至 2020 年底,共纠正和警告疲劳驾驶、违规使用手机、超速等有碍安全驾驶行为 6.5 万余起,通报给路面民警实时查处违法 650 余起,共有 129 余名驾驶员参加学习再教育,停驶工程自卸车 550 辆次,不仅起到了良好的震慑效果,更有效地降低了事故发生率。2019 年,辖区涉及工程自卸车道路交通死亡事故 6 起、死亡 6 人,同比 2018 年的 13 起 14 人,事故起数、死亡人数分别下降 53.85%、57.14%。2020 年,涉及工程自卸车道路交通死亡事故 1 起、死亡 2 人(其中工程车无责),与 2019 年同期相比减少 4 起、3 人,源头管控效应初步显现。

四、启 示

建德市鹰眼护航智慧管控平台,一是实现了人力管理向智能治理跨越,二是实现了事后处罚向源头管控转变,三是推动了传统管理向智慧交通迈进。

未来可以通过车辆总线通信应用技术,获得对外输出数据和控制的总线接口,通过总线判断挡位、转向灯、油耗、发动机温度、发动机转速、扭矩情况、行车距离、减速器数据、车载载重、车速、方向盘转角信号自动切换视角等 80 余项有效数据的获取以及数据间的有效计算，建立强大的云数据计算模型，进而从车队管理的经济性、安全性、有效性等多视角入手进行管控与帮扶，真正让运输企业得实惠。

（资料来源：建德市）

案例点评：

鹰眼护航智慧管控平台应用利用大数据与人工智能技术对驾驶员和车辆状态进行数据采集、分析和智能化预警，在实践中取得了较好的成效。大数据应用的重要基础就是底层数据数字化和决策闭环，该场景通过增加摄像头、传感器等感知设备，获得了以前不可观察的数据维度，从而产生了新的应用场景。

同时需要注意的是，该场景对驾驶员信息的采集不可避免地侵犯了其隐私，客观上也增加了驾驶员的压力，方案设计上也应多考虑被管理方的相关权益，可用虚拟人脸替换真实人脸，或通过对视频流的分析在监测端只显示相关指标的变动，这样既保护隐私也减少了人工判断的误差和管理人员工作量。

金苍宏

浙大城市学院城市大脑研究院、浙大城市学院计算机与计算科学学院

"亲清钱塘"数字政企服务平台

一、背景

为全面落实浙江省推进长三角一体化发展的大会精神,进一步优化资源配置、强化科技创新、加快转型升级,构建国际一流营商环境,杭州市钱塘区以服务企业为目的,以问题为导向,着手谋划"亲清钱塘"数字政企服务平台,推进数字赋能,实现政企零距离、沟通无障碍、办事一站通。

二、举措

通过"亲清钱塘"数字政企服务平台,实现政企互通的流程再造、数据协同、在线互动和效能提升。"亲清钱塘"为钱塘区内企业或创业团队提供了一站式服务,真正实现投资无障碍,服务零距离,办事一站通。通过开设"亲清解难""政策智兑""资源超市""一键直达""亩产效益"五大板块为投资者提供全方位的服务,方便企业在线提交诉求,自主查看、了解相关中介和金融产品信息,随时随地将真正的诉求"一键"直达政府。打造"精准投资超市",让投资者快速找到与自身需求匹配度最高的项目。

为满足企业的不同需求,钱塘区搭建了网页版和移动版两个平台,两个平台数据互通。网页版依托钱塘区投资之家网站搭建,移动版依托钉钉应用搭建。

"亲情解难"模块的逻辑是,在企业遇到困难、问题时,不必再"拿着报告跑政府",通过"线上提交、线上流转、线上办理、线上评价、线上回访、线上督查",形成破难解困的闭环。这个模块试运行以来,问题办结率达到

100％，处理时效从之前的平均一周压缩到 3 天左右。

在"政策智兑"模块，钱塘区推出的"1＋4＋X"新政已经全面实现了网上申报，企业可以"不见面"提交政策申请（见图1）。同时，这一模块连通了杭州市的"亲清在线"，只需要点击鼠标或者手机按钮，资金就可以"即刻到账"。

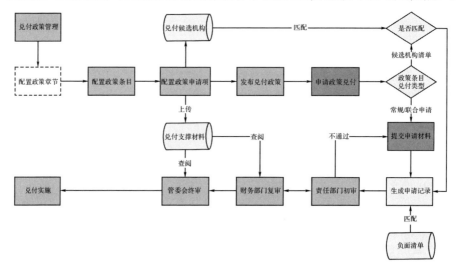

图 1 "政策智兑"业务流程

"资源超市"模块为钱塘区内的好产品、好服务、好品牌架设共享桥梁，同时将区内高等院校的实验室仪器资源和各类中介服务纳入共享范畴。

"一键直达"模块是一个"端到端""直通车式"的在线服务系统，让企业在项目申报、报名备案、问卷调查、信息传递时快起来、方便起来。

"亩产效益"模块是通过企业自主填报、政府后台比对等手段，对钱塘区内企业的亩均效益进行评价，从而全面落实资源要素差别化配置，全面推行企业分类指导和精准服务，不断优化产业政策。

三、成 效

在政企交流方面，"亲清钱塘"数字政务服务平台中的智能机器人能够在线为投资者解答在投资过程中遇到的政策问题。

在政务服务方面，"亲清解难"等服务能随时随地响应企业真正的诉求。在政策引导方面,"资源超市"等模块能让投资者快速找到与自身需求匹配度最高的项目。

在政策兑现方面,"政策智兑"等模块极大地缩短了政策兑现的时间。这些方面极大提升了政府服务效能,让政府服务更便捷、更精准、更有效。

四、启示

就现今的发展趋势而言,数据治理在各个领域都得到了广泛应用,并且有着十分良好的发展前景。为打造世界级智能制造产业集群、长三角地区产城融合发展示范区、浙江省标志性战略性改革开放大平台、杭州湾数字经济与高端制造融合创新发展引领区,钱塘区"亲清钱塘"数字政企服务平台应运而生,从政企互动、政企服务、政策引导、政策兑现等多方面入手,显著提升了政企服务的参与感和市民满意度,也为后续数字政府的建设提供了重要的实践依据。总体而言,"亲清钱塘"数字政务服务平台的突破主要体现在以下几个方面。

一是政企交流从"上门收集"转变为"在线呼应"。通过智能机器人等,在线为投资者解答他们在投资过程中遇到的政策问题。

二是政务服务从"坐店等客"转变为"互动平等"。通过"亲清解难"等服务,随时随地将真正的诉求"一键"直达政府。

三是政策引导从"四处撒网"转变为"精准引导"。通过"资源超市"等模块让投资者快速找到与自身需求匹配度最高的项目。

四是政策兑现从"层层拨付"转变为"瞬间兑付"。通过"政策智兑"等模块,极大地缩短政策兑现的时间,不需要企业去寻找各个部门,让企业从"最多跑一次"到"最多按一次"。

(资料来源:杭州市钱塘区)

案例点评:

"亲清钱塘"致力于为企业排忧解难,为投资者提供在线化、主动化、精准化的服务,这既是推动城市治理从数字化迈向智能化的尝试,也是推动政府职能转变、改变政企互动模式的尝试。而从市一级的"亲清在线"到区一级的"亲清钱塘"，如何在做好贯通的同时结合本地实际推出特色服务，也是这一案例中值得考察的重要方面。

城市数字化是以数据资源为基础，推动各类资源整合、优化资源配置的过程。而在优化城市投资和营商环境方面，如何整合好所在地区相关资源，实现供求双方的精准匹配，就是城市大脑需要进一步探索的重要课题。对于政府而言，这是进一步盘整资源、优化服务的过程；对于企业而言，这是从主动到被动、从专程上门到实时互动、从四处寻觅到一键直达的革命性体验。

通过"亲清钱塘"案例可以看出，在这一方面，数字化大有可为，可以期待其继续深入探索。在此过程中，既要加强技术的融合创新，也要注重治理的顶层设计，关键是要处理好政府与市场的关系。换言之，数字技术能够做到什么是一个问题，允许数字技术做什么则是另一个重要问题。数字化既不能替代政府决策，也不能替代市场化机制，既要帮助"有为政府"更有为，也要促进"有效市场"更有效，这不容易。随着数字变革不断深入，这一问题需要引起更高度的重视。

张义修

浙大城市学院城市大脑研究院、浙大城市学院马克思主义学院

"独居老人关怀"场景

一、背 景

根据国家统计局的统计数据,2007 年中国 65 岁以上老年人口占比7%,2017 年飙升至 11.4%,达 15831 万人,2008 年到 2017 年同比增速由3.0%增长至 5.5%。2016 年发布的第四次中国城乡老年人生活状况抽样调查报告指出,空巢老年人(老年夫妇户、独居老人)占老年人口的51.3%。随着老年人口的剧增,产生了大量的社会需求,传统帮扶模式已适应不了智慧城市的发展,也成为社区工作的重点和难点。

杭州水务集团有限公司结合目前的智能水表的推广应用及发展方向,同社区就如何加强智能远传水表应用、提高监控报警准确性等方面,多次进行了深入探讨与交流。调研及准备后,展开了强化老年人用水数据应用及模拟老年人生活场景触发报警设置的研究,并制定了具体的智能水表安装和平台对接的实施计划。

最终,杭州水务集团有限公司在"计量与漏损智慧管理系统平台"的基础上开启了"爱心园"项目,通过用水数据的共享、分析、报警守护老年人生活。

二、举 措

(一)智能水表的安装

机械水表无法实现智能抄读,只有通过智能远传水表才能实现数据的实时采集与上报。设备厂家按照《杭州水务远传设备通信协议》对接杭州水务集团有限公司平台，平台进行数据集抄实现物联远传数据采集。

"爱心园"项目采用的是无线物联网 NB 水表，它具备低功耗、广覆盖、大容量的特点。水表的采集频率、上报频率都可通过平台下发指令设置调整，平台默认按照 15 分钟采集、固定时间上报的方式进行数据抄读。目前已接入 5 个社区 228 位独居老年人的水表。

(二)平台建设

"爱心园"项目通过信息化管理系统建立独居老年人与社区联络员一对一的帮扶关系，建立独居老年人、老年人亲属、自来水公司、社区各方信息共享互动平台，提供 24 小时不间断、无感化用水监测、用水信息分析、异常信息及时推送预警，为社区提供孤老群体用水动态信息，帮助其及时掌握老年人群体生活情况，从而使社区更好地为人民服务；让缺少陪伴的独居老年人能得到持续的照顾与关怀，在意外灾害来临和紧急状况发生时能有效地告警，以免错失最佳的救助机会，或承担更大的损失后果。

1. "爱心园"外网平台

通过账号注册申请、权限分配让个人用户(独居老年人、老年人亲属)和社区联络员共享同一套系统，独居老年人可以随时了解自己的用水情况；老年人亲属可以通过短信通知，及时获悉老年人的异常情况；社区联络员可以全面掌握整个社区老年人的用水情况，敏锐感知老年人需求，并提供及时有效的援助。

个人用户可直接通过"爱心园"外网平台，点击注册申请。社区联络员账号需社区提交申请材料至杭州水务集团有限公司进行开通。

2. "计量与漏损智慧管理系统平台"数据分析

"计量与漏损智慧管理系统平台"是杭州水务集团有限公司针对所有远传设备的集抄分析平台，也是"爱心园"外网平台的数据分析管理平台。以数据集抄平台、实时监测平台、预警分析平台、用户信息管理平台为支撑，实现水量统计、异常分析报警、短信推送、报警参数设置、设备异常派单等功能。

3. 数据信息共享

异常用水报警数据也共享给了相关社区的"城市眼·云共治平台"，社区可结合自己平台的信息,对报警数据进一步综合分析运用。

三、成 效

杭州水务集团有限公司城西分公司通过系统平台远传监控发现董家弄 X 幢 Y 号 Z 室独居老年人家中小时用水量持续很大,超出了正常用水范围,立即安排工作人员会同社区工作人员上门处理。老年人已有 80 岁高龄,听力不好,检查中发现老年人家中坐便器故障导致持续漏水,因平时不用坐便器的冲水功能,未能及时发现问题,随后城西分公司的工作人员帮助老年人修复坐便器。

杭州水务集团有限公司各分公司将远程数据的实际运用与日常工作相结合,制定详细的工作计划。通过对系统平台中的实时数据进行分析比对,针对异常用水户进行进一步的处理。工作小组成员与用户取得联系后进行现场走访排查,主动分析原因,提供延伸服务。2020 年 12 月 1 日,城南分公司发现某用户连续三日日平均用水量与平时的日用水习惯不符。2020 年 12 月 2 日上门核实发现水表持续转动,但因用户不在无法进户,初步判断内部存在漏水点,电话联系用户后协助用户关闭阀门。该分公司持续关注该户用水量,2020 年 12 月 4 日发现用户日用水量仍有异常,再次上门联系,用户告知内部存在漏水点。

四、启 示

经过"爱心园"项目的探索与实践,我们还需要继续对老年人的用水习惯进行分析挖掘,借助大数据、数据模型等技术,形成个性化动态报警机制,提高报警的准确率。目前接入的用户数量有限,杭州水务集团有限公司计划在杭州主城区全面推广老人智能水表安装,提升水表数量,为数据分析挖掘提供大数据基础。

用户用水信息可直接、有效地反映市民生活,"爱心园"项目的实践也将成为政府及时掌握孤老群体生活情况的主要信息数据来源,为提升城市治理提供方案。

(资料来源:杭州市水务集团有限公司)

案例点评:

近年来,横亘在老年人面前的"数字鸿沟"问题已经越来越引起社会各界的关注。飞速行驶的数字化列车不能把老年人抛下,而是要把他们包容进来,借助各种数字化和非数字化的手段防止数字排斥现象的发生,提升他们的生活质量、增强他们参与社会的能力。

杭州水务集团有限公司的"独居老人关怀"场景是针对老年人群体数字包容实践的有益尝试。借助水表、电表、门磁等传感器的数据采集功能和数据分析手段,为老年人、残疾人、慢性病群体等提供预警功能,应用前景十分广阔。

在运用数字化手段服务老年人的过程中,一定要从老年人的问题和需求出发,尊重他们的自主性和选择权,重视他们的情感和体验,保护他们的隐私。同时,要谨记数字化手段只是赋能而非万能,数字化手段不能越位,子女、邻里、社区等为老年人提供的人文关怀不能缺位,冷冰冰的数据取代不了人和人之间的温情。

王翔
浙大城市学院城市大脑研究院

数字智慧燃气"码上办"

一、背 景

公用企业是城市运行和百姓生活的发动机和底盘,要精准经营、精细服务、精彩呈现,成为行业标杆。杭州市燃气集团有限公司(以下简称杭州燃气)一直致力于服务用户,打造"数字智慧燃气",不断提高人民的安全感、获得感、幸福感。

截至 2020 年底,杭州燃气服务于主城区燃气用户 150 万户,用户数量大,抄表管理工作量大,上线"19 营业厅"后,虽大大提高了用户自助办理燃气业务的效率,为市民带来了便利,但是业务办理仍存在升级简化的空间。结合省、市提出的"就近办、简化办、网上办、移动办"工作要求,围绕杭州燃气全产业链发展战略和"客户第一"的服务理念,如何通过智慧化手段,进一步深化、优化、简化服务流程,为用户提供更好的体验;如何进一步扩大自助办理的覆盖面,让操作更简单,家家户户都可体验便捷、智慧的业务办理。这一直是杭州燃气不断探索的内容。

秉承"保安全、保供应、优服务"的职责和使命,杭州燃气自 2020 年 3 月 1 日,推出"码上全""码上知""码上办"服务。"码上办"是指燃气安全服务员在抄表、安检上门服务时,为用户家里的燃气表贴上一个专属二维码,这个二维码与杭州燃气用户管理信息系统的数据联通,用户通过扫码即可办理燃气业务。

二、举 措

城市大脑建设是智慧城市的根本,但智慧的前提是符合用户具体需求及贴合用户使用场景。现在信息化建设存在一个误区，就是忽略了使用信息系统的人本身的要求。因此，信息化建设应该从系统的建设过渡到以人为本的需求整合阶段。在为城市建设及居民信息化、智慧化服务路上，我们认为城市大脑建设应"以人为本"，为用户带来好的使用体验、更便捷的服务，让用户乐于通过信息化手段提高生活便利性，这才是城市建设的根本需求。

2016年11月28日，杭州燃气向社会推出19营业厅。

2017年7月，推出用户19营业厅自助抄表功能，目前有30万户用户在网上自助抄表和缴费。

2019年12月，19营业厅实现了28项燃气业务网上办，真正做到"一次都不用跑"。

2020年3—7月，杭州燃气上线了"码上办"，进一步提升了居民使用感，信息化建设的便捷性大大提升。

三、成　效

2020年3月1日试行推出的"码上办"，一经上线就获得广大用户的赞赏，简单的操作、人性化的扫码办理业务方式，让用户真实地体验到了大数据时代各项数据的灵活运用。只需要在家里拿出手机扫一扫，就可以轻松查看、修改家中燃气的各项数据，包括户名、户号、联系方式、用气记录；燃气缴费、燃气抄表、安全隐患查看及整改等各项燃气业务可轻松办理。

连平时对智能手机操作不熟练的老年人，也可以无需指导就能体验智慧城市大数据时代的便捷。对于平时工作繁忙的用户，更是减少了烦琐的操作步骤，大大提高了自助服务的使用频率，真正实现了智慧化服务"以人为本"。

截至2020年12月，后台统计用户使用845665次，其中气费账单查询153717次，安全隐患查询26806次，安全用气信息提示点阅486902次，修改个人联系电话650次，用户自助抄表66299次，燃气缴费82079次，隐患整改预约2624次，19营业厅业务办理26588次。

数据显示,由于用户无需注册绑定,扫一扫即可办理业务,使用门槛低,"码上办"使用频率随入户贴码数量增加而稳步增长,为广大杭城用户提供了燃气业务便捷办理的通道。

四、启 示

伴随着各地的智慧城市建设,信息化对政务、公用事业等的建设推动作用日益明显,信息化水平也在不断提升。目前,大部分城市已经完成了政务服务"最多跑一次"建设。而杭州作为国内智慧城市建设的先行者,已经将信息化延伸到市民日常生活的方方面面,如电力、水务、燃气、公共交通等领域。

杭州燃气是深耕本土46年的国有企业、城市服务的公用单位。近年来,杭州燃气坚持用户第一的理念,不断创新思路,在燃气智慧化建设道路上,秉持统一性、开放性的理念,保证数据可交换共享,系统安全,维护用户信息。通过"码上办"+19营业厅+流动服务车,六大融媒体平台实现"五界联动",这些信息化建设、服务建设成为提高城市管理水平、提升市民满意度、提高办事效率的有效途径。

但总体而言,智慧城市信息化发展还处于起步阶段。燃气智慧化建设还存在巨大的发展空间。一是"码上办"平台持续发展面临创新挑战,平台以服务用户、提升用户体验为一期目标,但城市大脑建设需不断创新提高,因此还需通过更多创新手段,形成有杭州特色的燃气服务平台。二是数字智慧燃气第一阶段只是完成了全面信息化,相较于智能电网建设,以及能源互联网意义上的数字智慧燃气还有很大差距。数字智慧燃气业务的未来发展离不开城市发展,因此数字智慧燃气也要在智慧城市建设的基础上同步推进。三是提升城市综合治理能力需各单位一同发力,秉承打造"宜居、宜业、宜民"城市的目标,通过信息化手段,加速智慧城市建设,打造符合杭州特色的城市大脑。

通过城市大脑的建设,杭州燃气将一步步建设完善,提升企业管理能力,增强公司服务水平,促进杭城发展,为杭城的市民体验、城市规划等工作打造一个更好的平台。最终通过杭城硬实力和软条件的提升，将数字智慧燃气打造成为一个具有杭州特色的品牌，实现企业与杭州的共赢，为杭城带来更好的经济和社会效益，在为城为民的道路上不断前行。

（资料来源：杭州市燃气集团有限公司）

案例点评：

为构建与杭州城市国际化发展战略相匹配的绿色能源保障体系，杭州市燃气集团有限公司在浙江省委数字化改革、市委城市大脑"数字治城"政策精神指导下，坚持"以人为本""客户第一"的数字化转型方向，借力数字技术赋能智慧燃气"码上办"应用场景建设，让广大市民通过智能手机扫码，实现了用户和用气信息查询、自助抄表、自助缴费、查看安全隐患及整改情况等，从而在切实履行好"保安全、保供应、优服务"的企业使命的同时，大幅提升了人民群众的获得感、安全感、幸福感。但当前杭州燃气的"数字智慧燃气"建设总体上仍处于起步阶段，顶层设计、平台建设、跨界协同、技术应用存在明显不足。

今后杭州"数字智慧燃气"场景建设，首先，要在整体性治理理论指导下，系统做好"规、建、管"各环节数字化的顶层设计工作；其次，要全面做好燃气管网和用户数据的标准化归集、动态化感知，选取科学算法、模型，基于对数据的全面分析发掘，构建智慧燃气数智平台；再次，要跨界整合"码上办"、线上19营业厅、线下营业厅、流动服务车和六大融媒体等管理服务资源，以"数字包容""数字普惠"型创新举措更好满足用户多样化需求；最后，要采用"数字孪生"等智慧城市建设主流技术，逐步实现燃气供给管理服务"一网统管""一屏统揽""一键智控"。

杨逢银

浙大城市学院城市大脑研究院

"数字公交"美好出行场景

一、背 景

杭州市城市建设投资集团有限公司(以下简称杭州城投)的初心使命,就是践行"为城为民"的核心价值观,为杭城的正常运行和市民获得高效优质的公共服务提供保障,这是社会效益的驱动。同时,作为一家国有企业,充分发挥市场主体职能实现更高质量的发展,是企业的本质,这是经济效益的驱动。杭州城投坚持"两个效益"最大化,按照城市大脑"一脑治全城、两端同赋能"的顶层设计思想,全面拥抱城市大脑建设,进一步提升自身效能和服务能力,进一步实现机制体制同市场全面对接,进一步激发企业发展内生动力,进一步迸发城市大脑的市场活力。

杭州市公共交通集团有限公司作为杭州城投的直属企业,自1922年开通第一条公交线至今,已有百年历史。自2008年实施公交一体化战略至2020年10月,杭州公交已拥有1047条公交线路,10183辆营运车辆。随着城市数字化的不断推进,市民出行需求日益多元化,公共交通也逐渐暴露出不少问题,主要体现为五个方面:一是不准时,公交车的吸引力不强;二是不方便,公交线路规划的通达性不高;三是不经济,公交车型与客流匹配度不高;四是不高效,公交场站与社会融合度不高;五是不智能,公交数据与城市大脑功能不融。

二、举措及其成效

杭州公交紧紧围绕"数智"重构的思路,将原有的"经验管理"转为"循数治理"，以问题与需求为导向，通过与城市大脑的协同，让数字赋能、数字说话、数字决策，让公共交通的发展更好、更快、更优。

（一）让公交更准时——还时于民

杭州主城区有 357 条常规公交线路，平均准点率 46.96％，其中线路准点率超过 80％的占比 7.01％，准点率在 50％—80％的占比 28.01％，准点率低于 50％的占比 64.98％。准点率最高的是 1306M 路，达到 99.7％，最低的 350 路，仅为 5.57％。

公交车不准时的主要原因在于道路拥堵，目前公交车平均速度为16.9 千米/时，其中 249 个站点之间的路段公交车车速低于 8 千米/时。以龙井景区运营的 87 路、27 路为例，龙井寺到南天竺、浙江宾馆到双峰、满觉陇到水乐洞、石屋洞到赤山埠等路段车速均低于 12 千米/时，这两条线路准点率只有 61％左右。

通过城市大脑赋能，充分对高德路况数据、道路畅通指数进行综合研判分析，试点推行龙井景区 508H 路、87 路、27 路等 3 条公交线路班次时刻公示、站点换乘信息实时在线、沿途社会停车场接驳等举措，结合公交线路堵点数据分析，倒逼道路堵点的解决，让 GPS 建设转变为 GPS 治理，力争让公交车像高铁一样准时，让更多的市民游客选择公共交通出行。

对比措施实施前后，508H 路将沿途 6 个停车场串联成 1 个停车场，节假日期间日最高停车数量达到了 984 辆，泊位指数同比上涨 147.26％，龙井村停车泊位取消 80 个。龙井景区的公交线路平均准点率提升至 82％，其中 508H 路达到了 93％；线路日均客流由 8168 人次上升到 9514 人次，其中灵隐东公交站的换乘由日均 54 人次上升到 116 人次。

（二）让公交更优化——还路于民

1. 优化公交车型结构

随着公共交通出行方式的多元化，尤其是轨道交通的逐步完善，公交车比原来更"清闲"了，杭州与北京、上海等一线城市一样，面临着车型与客流规模不匹配的问题。为此,积极实施公交线路"一线一策"机制,通过对每条线路客流数据、区域居住人口、交通出行现状的分析,量身定制适合每条线路的公交车型,让公交车更经济、更环保、更优化。如龙井景区的87路、27路车型调整后,马路更宽了,景色更美了,与其他机动车的关系更和谐了。至"十四五"规划末期,小车型的占比将达到65%,平均每辆车占道路面积也由目前28.66平方米下降到20.90平方米,车辆量身定制后预计可节约购车资金15亿元以上。

2. 优化公交场站资源

2020年9月,在杭州市数据局和属地政府的大力支持下,利用阮家桥停车场一楼的公交车位,公交车与私家车错峰共享150个停车位,融入城市大脑,缓解了周边市民停车难、充电难问题,并逐步实现洗车、保养等汽车相关增值服务和日常生活用品采购等延伸服务。

(三)让公交更亲——还景于民

1. 融合地铁接驳,公交车开进社区和园区,城市街景更美了

通过比对各大型居住小区居民的电动车、共享单车、机动车、轨道交通等出行数据,协同各区、街道、社区解决公交车停车泊位问题,让公交车开进小区。与高新经济园区员工出行数据协同,精心设计开通适合园区员工的通勤线,让公交车开进企业园区。截至2020年10月,结合由点到线的现场调度模式向多点多线的云调度模式转变,减少路边站亭46个;开通地铁接驳线146条,日均运量40余万人次;开通25条社区线路,在89个小区内始发、停靠,覆盖杭州市7.82%的小区;开通心动巴士228条,服务214家企业或园区,包括阿里巴巴、蚂蚁、网易等,日均接送员工2.87万人次。至亚运会前,将全部取消路边站亭,线路进小区覆盖率达到30%,园区公交车日均接送员工达到6万人次。

2. 围绕上学方便,公交连接小区和学校,校园门口不堵了

通过城市大脑助力,对学校及周边居住区居民出行数据和学生出行需求进行分析,综合研判道路拥堵状况,开通求知专线165条,覆盖109家学

校及教育培训机构,日均运送乘客 1.26 万人次。至亚运会前,中小学校专线覆盖率将达到 60%,让求知专线成为莘莘学子的随行专车。

3. 缓解景区拥堵,公交连接枢纽和景区,"多游一小时"成现实了

2018 年起,与杭州市文旅局合作,通过对交通枢纽客流出行数据的分析、景点客流的在线查询、景区专线信息的实时推送、公交线路景点串联等方式,开通数字旅游专线 11 条,实现"车辆在线,游客在线,服务在线",日均运量 3.2 万人次。至亚运会前,数字旅游专线日均运量将达到 5 万人次。

三、启 示

"数字公交"作为杭州城市大脑的"数字社会"的典型场景,是"公交数据大脑"应用于实践的一个重要载体。龙井路公交数据管理体系可喻为"数据小脑",使景区周边停车场与公共交通结合起来,实现基于大数据的重点景区交通旅游的"集疏运"综合监测及预警,提升交通旅游协同管理与公共服务能力。此外,可以通过龙井景区公交数据大脑实时了解景区周边道路的路况、剩余泊位、景区客流等信息,在营运调度上更精准,服务更高效。

(资料来源:杭州市城市建设投资集团有限公司)

案例点评:

从到达准点率的提高,到公交车型结构的优化,再到地铁、学校、景区、小区接驳的便利……这些都让市民实实在在感受到了杭州数字公交发展的魅力,感受到杭州城投主动融合数字化转型所做出的努力与改变,其发挥了公共交通在城市服务方面的示范引领作用,让市民出行更有温度。

但也应看到,公共交通行业的创新发展涉及方方面面,不应仅仅停留在对技术集成应用的创新,还应注意加强对特殊群体的关心照顾以及行车安全等,这既是运行服务品质的提升,也是以人民为中心的发展思想的践行,有助于打造具有更高服务水平和更具人性化的新型公交行业体系。

行业数字化已成为时代的关键主题之一,是城市发展的重要推动力。

面向行业发展新趋势,公交行业应抓住交通强国建设、"双碳"目标、智能网联技术发展等机遇,在技术创新的基础上更注重以人为本、彰显特色、传承文化,着力推动行业高质量发展。

乔子媛

浙大城市学院城市大脑研究院

"校园智治"场景

一、背 景

浙大城市学院围绕师生需求,运用"一键直达"的城市大脑理念,内外协同建设了城市大脑校园数据驾驶舱和一批师生看得见、摸得着的"民心工程",包括"学在城院""刷脸吃饭""线上报销""健康金码""学术讲座一键通""自习座位一键掌握""智慧教室"等应用场景,初步形成了"数据协同、业务协同、校院协同"和"治理直达、师生直达"的校园智治模式,增加了师生的获得感和幸福感。

浙大城市学院为深入贯彻习近平总书记在浙江工作期间致学校"建院五周年贺信"的精神,落实浙江省数字化改革大会、杭州市"数智杭州"建设攻坚年推进大会及《浙江省教育领域数字化改革工作方案》《2021年浙江省教育领域数字化改革工作要点》有关精神,围绕建设数字治理第一目标,以"方便师生、服务基层"为宗旨,重点解决师生关切的核心业务和高频事项。

二、举 措

秉持"治理的系统性重构、重塑性变革、创新性跨越"的总体要求,建设数字化改革"1+5+2"工作体系(1是智能化校园数据协同平台;5是五大空间,分别为数智治理空间、学生培养空间、教师发展空间、科研创新空间和智慧校园空间;2是理论体系和制度体系),推动学校数字化改革工作走深走实。通过智能化校园数据协同平台、"学在城院"平台、数字驾驶舱、多跨应用场景等的建设,全方位赋能学校数智治理、人才培养、科学研究、社会服务、文化传承等,提升学校现代化治理能力,并快速响应师生的急难愁盼问题,切实提升师生的获得感和幸福感。

浙大城市学院于 2020 年 6 月实现了与杭州城市大脑的互联互通。其作为城市大脑在教育领域的延伸拓展,是城市大脑场景结合高校的中枢节点。

围绕建设数字治理第一校目标,以师生为本,从办实事出发,借助学校中枢与城市大脑互联互通的独有优势,以数字化手段(数字基座、数字驾驶舱、学习平台、多跨应用场景等建设)为重要抓手,以问题、需求、效果和面向未来为导向,快速响应师生的"急难愁盼"问题,最终促进学校教育高质量发展。

一是坚持师生为本,运用"始终在线、一键直达"的城市大脑理念,打造"数据协同、业务协同、校院协同"和"治理直达、师生直达"的"三协同两直达"数字治理模式,推动学校整体智治螺旋式迭代上升。

二是坚持内外联动,发挥与杭州城市大脑互联互通的独有优势,建立基于城市大脑中枢数据协同、内外联动的服务体系,实现内外资源一体化利用。

三是坚持整体思维,以数字驾驶舱和跨部门协同应用场景为重要抓手,形成校院系所纵向一体化、机关各部门横向一体化、各业务一体化的整体意识,以"一件事"跨部门联办为牵引,推动全方位数字化改革,实现工作流程迭代优化,发挥整体的最大效益。

四是坚持重塑变革,以 5G、区块链、互联网、物联网、大数据、人工智能、云计算、数字孪生等前沿技术的应用和融合为基础,促进数据关联应用,推进机关部门流程再造、高效协同、迭代式改革和制度重塑,提升学校治理能力。

借鉴和运用杭州城市大脑的理念和技术,建设"校园大脑",着力提升校园整体智治能力和水平。浙大城市学院已经完成了杭州城市大脑校园中枢节点部署并启动了百日攻坚场景建设,成为首个实现与城市大脑互联互通的高校,探索城市大脑对高校治理的有效赋能。

经过前一阶段的攻坚，浙大城市学院的数字化建设发挥成效。师生"刷脸"即可进入学校，这不是简单的人脸识别，而是通过中枢实时调取了杭州城市大脑的个人健康码信息进行验证，安全又便捷；2021年学生寒假离校返乡之时，近千名学生在手机端预约了数字公交，3300多位学生在线预约了核酸检测，不用填写烦琐的个人信息，只需核对系统提供的信息。强大的后台数据协同，让师生真真切切感受到了数字校园带来的便捷。

在食堂，将托盘放置在智能结算台上，即可实现"看脸吃饭、三秒结算"；想去图书馆安静地自习，打开图书馆座位预约系统就可以查询座位资源；新冠疫情防控期间进出校门，通过"刷脸"即可一秒实现；打开"爱城院"APP，活动、展览、讲座等信息一键掌握……这就是浙大城市学院师生们的"智慧"校园生活。

三、特 色

(一)初步构建了基于城市大脑中枢数据协同、内外联动的服务体系

浙大城市学院的"校园大脑"中枢节点作为杭州城市大脑的末端节点，一方面为城市大脑在高校的应用先行梳理数据，全面打通高校系统与杭州全域城市大脑之间的数据，在内外联动的机制下，聚焦城市数字化，与政府、企业等展开多领域的合作并提供智力支持。另一方面根据自身的管理要求、管理重点和发展特色，结合学校数据资源和市级数据资源，构建了服务于学校的特色创新应用场景，打下了良好的数据协同基础。

(二)数字驾驶舱赋能数智治理

数字驾驶舱建设是数字化改革的重要创新举措，也是学校整体智治的重要抓手。在充分调研学校各部门业务系统现状，分析各部门业务数据、分级指标、业务管理的需求、目标和问题等基础上开发建设数字驾驶舱，以坚持城市大脑理念、坚持两端共赋能、坚持内外协同联动，提高信息实时触达能力、科学决策的数据支撑能力、预警研判风险隐患能力和多跨场景协

同服务能力为目标,建设独具鲜明特色的数字驾驶舱,赋能学校数智治理。

(三)搭建"学在城院"平台,构筑教学活动新生态

以学生为中心,强调四元深入融合,打通智慧教室、教学平台和学习资源,构建"学在城院"平台,构筑教学活动新生态,不仅让学生有更好的学习体验、更多的学习机会、更优的交互环境,亦在学校知识图谱形成、金课打造、深化教学评价体系改革等方面起到很好的推动作用。

(四)特色多跨场景建设

1. 访客通行码"一键生成"

在新冠疫情常态化管理下,通过流程和技术优化,采用邀请制简化入校手续。向访客发送邀请后,自动从城市大脑中枢获取访客健康码,如果是"绿码",会自动生成学校通行蓝码,程序科学规范,也有效减少了管理端和服务端工作量。该场景可根据疫情政策调整,截至 2021 年 7 月,已发放学校通行蓝码 21298 次。

2. 数智文旅第二课堂应用场景

该场景是浙江省实现第二课堂整体智治的先行实践,依托数智文旅综合服务平台,通过"爱城院"协同业务系统数据将积分智能化兑换为第二课堂分值,形成学习开放性、内容个性化、过程有轨迹、积分可兑换、成果可输出的学习运行机制。

3. 活动(讲座)申请协同联办应用场景

该场景是学校整体智治很好的体现,对报告会、研讨会、讲座、论坛等的申请与审批进行流程再造,与审批后的活动报名、活动场所申请等业务打通,实现跨部门数据协同、多业务串联为"一件事",解决了原流程条块分割、业务分离问题,由三个入口整合为一个入口,实现一事通办、业务横向到边。

四、成 效

校园中枢打通了浙大城市学院各主要业务系统数据,初步实现数字业

务化，为创新应用提供了有力的基础支撑。

已上线的数字驾驶舱解决了单业务系统无法破解的数据融合分析问题，为浙大城市学院领导和业务主管部门的科学决策提供数据依据。

贴近师生需求，反映师生关切问题的应用场景得到大家的广泛认可。集成于"爱城院"专属钉钉上的 20 多个应用场景的月访问量高达 5 万人次。以数字公交预约和升级金码为例，2021 年 1 月，根据国家新冠疫情防控要求，为学生寒假离校返乡提供暖心服务，浙大城市学院联合杭州市公交集团为返乡学子提供一站式"点对点"数字公交专车服务，仅 6 天时间就为 913 位学生免费提供了公交车接送服务，极大方便了学生返乡。为鼓励在校师生接种新冠疫苗，2021 年 4 月上线"金码"，成为浙江省高校中最先实行金色健康码的学校。通过浙江省教育厅高校数据共享平台同步师生疫苗接种信息，同时实时通过校园中枢，联通杭州城市大脑中枢，读取健康码数据，对已完成疫苗接种人群赋金码。上线"金码"不仅是数字治理的创新应用，而且有效调动了全校师生的积极性，也是推动疫苗接种的重要疫情防控举措。

五、启 示

面向新时代和未来社会人才培养需求，牢固树立为师生服务的意识，以"方便师生、服务基层"为宗旨，浙大城市学院实行校园两级管理流程再造，以需求为导向，以应用促发展，高起点规划，高标准建设，高水平应用，从而优化服务，提高效率，使师生从大量烦琐的事务中解脱出来，把时间花在立德树人、学习实践上，让教师潜心育人，学生静心学习。

通过数字化改革全力推动学校治理的系统性重构、重塑性变革、创新性跨越，依托名城名校，构建基于城市大脑数据协同的校园数字治理体系，着力提升校园整体智治能力和水平，加快"数字治理第一校"建设。浙大城市学院作为城市大脑在教育领域的延伸拓展，是将高校场景与城市大脑结合在一起治理高校的最佳探索地与实践地。接下来，浙大城市学院将继续完善智能化校园数据公共协同平台，于 2021 年 9 月正式上线"学在城院"

平台,联调对接多间智慧教室,服务师生高质量学习,同时,于 2021 年 12 月份完成了人才培养、数字文献资源等数字驾驶舱的建设。

（资料来源：浙大城市学院）

案例点评：

浙大城市学院构建基于城市大脑数据协同的校园数字治理体系,打造"数据协同、业务协同、校院协同"和"治理直达、师生直达"的"三协同两直达"数字治理模式,提升校园整体智治能力和水平。通过实践取得了良好成效,一方面,围绕师生学习、工作、生活和新冠疫情防控等实际需求,构建形成服务于学校的特色创新应用场景,提升了师生的获得感;另一方面,为全面打通高校系统与杭州全域城市大脑之间的数据,促进学校数字治理与政府、企业等多领域的协同提供了先行经验。建议进一步丰富应用场景的内容,着力提升服务端和治理端的满意度。

陈畴镛

浙大城市学院城市大脑研究院、杭州电子科技大学

"30 秒入住"场景再造酒店管理模式

一、背 景

作为全球第三大酒店集团,华住集团旗下拥有汉庭、全季、桔子等 22 个品牌,超过 6100 家酒店,覆盖全球 400 多个城市。从创立之初,华住集团一直秉承利用数字化技术改造传统服务业的理念,累计投入 10 亿元研发了酒店物业管理系统等核心系统,持续推进企业数字化转型。但是酒店作为一个特管行业,受到诸多政府监管要求的约束,需要安装各类指定系统,而这些系统和华住自研的系统基本处于割裂状态。业务系统不联通,交易数据不打通,企业数字化转型也就成为无源之水。因此,酒店行业的数字化建设面临很大挑战。

但在杭州,华住集团的企业数字化建设和城市大脑主导的城市数字化建设产生了美妙的化学反应,实现了企业数字化建设的高效推进与快速迭代。特别是从 2019 年 10 月起,在杭州市数据局、文旅局、公安局等单位的指导和支持下,华住集团依托杭州城市大脑中枢系统,以"30 秒入住"场景建设作为企业数字化转型的切入口,探索出了"数据系统支持＋奖励政策引导＋区县基层落地"的新路径。

"30 秒入住"场景的核心是通过自助机等,打通公安入住登记、酒店管理系统、门禁、收单交易、在线旅行社预订、酒店直销等六大系统,实现客人快速办理入住,减少前台等待时间。最重要的就是和公安管理系统的打通,依托城市大脑的技术体系,杭州在全国率先实现了酒店业务系统和公安入住系统的直连。更令人兴奋的是,2020 年新冠疫情防控期间,杭州城市大脑中枢系统还给酒店提供了健康码的校验接口,让在自助机办理入住的客人通过后台就能实现健康码的核验,因此客人入住酒店不再需要打开手机出示健康码,入住更快、体验更好。六大系统的打通也使华住集团数字化建设站上了新台阶。

在杭州,基于城市大脑中枢构建的城市数字化系统与企业系统直连,让包括华住集团在内的所有企业都可以平等地低成本共享社会公共资源。企业数字化建设从原来需要跑部门"找关系"到今天只需要对接城市大脑"找数据",这是城市治理能力的提升,也成为企业享受城市营商环境提升红利的一个重要缩影。

在推广方面,杭州也是全国首个政府发文明确对"30 秒入住"场景进行奖励的城市。2020 年 3 月,杭州针对新冠疫情推出了支持旅游业共渡难关的扶持政策,其中明确提出对于自助机使用率达到 30% 以上的酒店,给予 6000 元奖励。这种政府从事前补助变成事后奖励的创新引导,给"30 秒入住"场景的推广带来了非常大的助推力量,加速场景落地。

在城市大脑的全面支持下,华住集团杭州酒店"30 秒入住"覆盖率与使用率都得到了快速提升。截至 2020 年底,华住集团杭州市共 251 家酒店,已经实现 100% 全覆盖。华住集团杭州酒店"30 秒入住"使用率已达 57%,每天超过 11000 人次体验"30 秒入住"。

二、举 措

以自助机为核心的"30 秒入住"的推广,对于华住集团来说影响颇深。一个看似简单的酒店入住场景的改造,背后其实是企业业务流程的再造、服务模式的创新和运营模式的重塑。在华住集团,"30 秒入住"不仅是 IT 设备和技术的革新,更伴随着酒店空间设计、员工岗位职责等方面的变革,重塑了酒店的商业模型。

首先,"30 秒入住"第一次通过技术革新,实现了服务效率大幅提升。让过去平均 5 分 30 秒的入住时间缩短到 30 秒以内,减少了 90% 的等候时间。每台"30 秒入住"设备年均服务近 8000 位住客,为来杭游客累计节省 40000 分钟,成为杭州城市大脑"还时于民"的重要便民场景。

其次，酒店空间设计方面，华住集团探索了"去前台化"设计，将自助设备与大堂空间的布局和动线进行融合，设独立的"30秒入住"服务区域。一般而言，传统的柜式前台占大堂面积的10％—12％，采用"30秒入住"场景后，前台区域占大堂面积可以缩小至5％以内。因此酒店大堂的功能得到进一步丰富，坪效(单位面积产生的经济价值)进一步加强，衍生出新业态。在有效提升酒店运营效率和空间资源利用率的同时，进一步释放了消费需求空间，全面助力杭州旅游实现"游客多游一小时，城市多收100亿"的目标。

最后，员工岗位职责和接待流程方面，华住集团倡导员工走出前台，引导客人自助办理入住/退房，并提供问候、奉茶服务；业务处理移动化、电子化；排班优化，实现更低的人房比。实现从"低头录入"到"抬头微笑"的服务转变。据统计，每采用一台"30秒入住"机器，华住集团可节省0.54个人力，每年省下5万元支出。截至2020年底，杭州总计251家店294台机器，每年直接节省成本约1500万元。

三、成 效

在杭州城市大脑场景建设的大力推动下，华住集团的"30秒入住"也正从杭州走向全国。2020年底，华住集团已经有超过2300家酒店实现了"30秒入住"，成为全球酒店集团中数字化转型的翘楚。华住集团也实现了全行业最低的0.17人房比(也就是每100间客房只需要17名员工)，下一步将通过数字化技术对酒店业务进行全方位赋能，希望人房比能进一步降低至0.15。以华住集团2020年6100家门店来计算，可以节省近1.2万名员工，每年可以减少近9.6亿元的人力成本支出。除了旗下的酒店，华住集团也开始将包括"30秒入住"在内的酒店数字化产品向行业输出，通过数字技术将更多的酒店和消费者连接在一起，实现企业从劳动密集型的传统服务业向产业互联网科技企业转变的目标。

四、启 示

城市大脑的治理是现代意义的治理，强调多元治理主体。政府与市场结合,在项目规划、方案设计、基础设施建设、业务应用开发、运维服务、政务信息资源利用、资金筹措等方面的作用日益显著。各地政府部门在选择政企合作运作模式和管理手段时,基于自身实际,探索形成了多种实现方式。华住集团通过杭州的数字化改革助推企业的数字化转型,企业的数字化建设又助力产业升级,反哺城市数字化,形成了以数字化推动政企协同的良性互动新局面。

(资料来源:华住集团)

案例点评:

城市大脑是提升城市运行效率的重要发明。自2016年提出构想到逐步推广实施,经历了一个不短的过程。城市大脑对城市运行逻辑根本性的创新,使得这一创新成果的普及尚需时日。

而华住集团"30秒入住"场景在杭州的落地运用,具有良好的示范效应。华住集团旗下酒店,大部分是城市便捷酒店,其经营模式主要针对城市商务人群和旅客。客群以年轻人居多,其对自住型入住系统的接受度较高。极小的推广认知成本,可以让一个好项目迅速落地。从实施情况来看,效果不错。

"30秒入住"场景的落地效应将迅速扩大,且传播和认知速度愈来愈快,为更大规模的推广复制创造了条件。

城市大脑是一个全新的事物,要真正落地,熟悉城市构成要素至关重要。秉持先易后难、先普及后提升的策略,确保先进事物以先进的思维进行推广。

王群力
浙大城市学院城市大脑研究院、"城市秘密"自媒体

后 记

　　杭州城市大脑自2016年诞生以来,已经建成并运行了上百个应用场景,并在不断地更新和发展。在杭州工作和生活,可以说无时无刻不在与城市大脑发生联系。作为现代城市基础设施,城市大脑也在北京、上海、南昌、吉隆坡、多伦多等全球各个城市落地开花。

　　回首千重山,不忘来时路。作为一个迅猛发展和不断迭代的新生事物,回顾和梳理城市大脑诞生地杭州的实践案例就显得非常重要和紧迫。浙大城市学院城市大脑研究院联合杭州城市大脑建设指挥部在2020年底组建了"杭州城市大脑案例课题组",用了近半年时间收集了杭州市各政府机构、各区县(市)、各企事业单位的场景案例,选取了40个城市大脑开创期的场景作为经典案例。

　　回首来时路,白云深几重。从策划、编纂到最终成书经历了近两年的时间,杭州城市大脑的发展也在日新月异,成书后,这些选取的经典案例还会出现新的变化。这也充分说明了城市大脑才刚刚起步,处于正在进行时。课题组将持续收集和编纂城市大脑的经典案例,定期出版。

　　感谢每一个为本书内容提供帮助的组织和个人。课题组的刘靖、杨武剑、姚瑶、张佳佳、王薇、唐培培、王贵、彭永昱、方洁、陈观林、徐慧萍、金苍宏等为本书案例的收集和整理做出了大量贡献,杭州市数据资源管理局的傅卫权、吴光静等对本书案例的选取和撰写提供了指导,本书的统稿工作由刘靖、姚瑶、方洁完成。